〔法〕尚塔尔·托玛 ———— 著 江 灏 赖亭卉 ———— 译

我的老师罗兰·巴特

Pour
Roland
Barthes

上海人民出版社

Chantal Thomas

目 录

序　言

当然，这才是阅读：

仿效生命的文本，重写作品的文本。

—— "专栏" (La chronique)

《新观察家》(*Nouvel Observateur*)，1979年

罗兰·巴特的价值

　　我经常重读伊塔洛·卡尔维诺（Italo Calvino）的《新千年文学备忘录》，这是他计划于1985年至1986年间在美国哈佛大学发表的一系列讲座，但他后来检查出致命癌症，未能成行。我想，我们可以将这些讲座内容

视为一项智识的证言。与罗兰·巴特相当亲近的卡尔维诺自问道："有哪些与文学相关的价值是我所心心念念的呢?"他为此列了一份清单,并分别解释了为何他希望这些价值可以延续到下一个千禧年——也就是我们这代人所经历的千禧年。

于是,卡尔维诺想要尽力挽救:1. **轻**; 2. **快**; 3. **准**（在文学构思和文学语言方面皆然）; 4. **显**（或想象力; 接着,卡尔维诺引用了但丁的一句话: *Poi piovve dentro a l'alta fantasia* / **在我翱翔的想象中像雨一样落下**,并继续说:"我今晚的演讲将从这点开始谈:想象力是雨落之处……"）5. **繁**（他发展出"百科全书式小说"的概念,它既是知识的工具,也建立起事实、人物与事物之间的网络）。

这几项都是我也愿意捍卫的特质;尤其,卡尔维诺的《新千年文学备忘录》激发了我的欲望,让我想借此追问罗兰·巴特的作品与人格所传递、彰显的价值。在我看来很关键的一件事情是,不论在今日还是未来,我们都必须去肯定或重申这些价值。根据巴特的雄心壮志,即欲望的破译超越了书籍,延伸至环绕我们的世界,成为"生命之丝",更跨越了文学领域,关切生活与思考的方式。这样的特质有很多。但是我将在罗兰·巴特身上区分出四种，而且全部都源自他对语言的原始的、绝对的热情，语言就是我们自身，它定义了我们是谁。

（一）对语言的热爱

从他的第一部作品《写作的零度》(*Le Degré zéro de l'écriture*，1953）开始，巴特就展现了过人的天赋，让我们注意到他提问的原创性，以及它如何与更广泛的、对语言的好奇探求相互联系。从一本书到另一本，他对语言的热情可能以五花八门的形态展现，探讨非常多元的主题，但永远不会失去它的严格标准——正好相反。而且，如果我们真的是由自身的语言所构成的，那么我们说话和写作的方式就揭露出我们与自己以及与他人的关系：它涉及一种道德观。聆听巴特讲话或阅读巴特的作品，会提醒我们严谨思考、慎选字词的重要性，注重句子架构的重要性，以及对某人真心说出一段话的重要性。他对语言的热爱，激发我们对如下的语言状态更为敏感：马虎随便的语言；任何如同碎片或紧急呼喊一般随意抛掷出来的字句；机械式的发话；未完成、囫囵吞枣、重复厌烦到令人作呕的句子等。这是一种坚持贯彻沟通**需求**的共同态度，不带个人标记的影子，也没有对受话者的利益渴求。出于疲惫或傲慢，我们已经抛下了诱惑、温柔，也抛下了玩乐的欲望。人们自动发出讯息，让一台机器代替自己发言。此外，在许多设备上——例如电话——我们听到的是一段具象化或人造的声音，它释放出命令与答复。机器说："我现在不在这。"但有时候，不幸地，它所安置的是一个永远（对自己、对他人来说）缺席的机制。

巴特在1979年的一次采访中说道："并不存在语言的危机——因为词语总是能够设法存活下来；但存在一种**对语言保有热爱**的危机。"[1]巴特高瞻远瞩，预见了词语崩毁的彼岸。他补充道："可怕的是［……］在整个社会中，出现了一种味如嚼蜡、不具多样性、缺乏特殊性的标准句型：沟通式社会的怪物型句子。"[2]

我们的责任就是不向这种缺乏味道和多样性的语句让步。并非一味排斥速度的优势，而是不要被短信讲求速效的调性所控制，到了这个阶段，文字趋于被数字与代码所取代。从此以后，它不只是一种怪物型句子，而是一个独一无二的代码，一个被缩减的组合。

---

1 "Pour un Chateaubriand de papier", entretien avec J.-P. Enthoven, *Œuvres complètes*, tome V, nouvelle édition en cinq volumes revue, corrigée et présentée par Éric Marty, Seuil, 2002, p.769.

2 "Tant que la langue vivra", *OC*, tome V, p.644.

（二）接受差异的权利

对语言的热情也体现在他的作品、他清晰的书写风格与发音咬字以及他的教学工作中，引领他对痴迷和狂热保持警觉，远离对立——这些对立即便不以暴力解决，至少也会导向暴力因素。他的讲课，尤其是他的研讨课，旨在解读特异性、提炼差异性、理解细微差别。面对力量的挑战，巴特以智慧来替换，推敲出陷阱、打乱对手的平衡。他在《神话修辞术》（*Mythologies*，1957）一书中，分析并揭露了天真地依附口号、广告文案和最新时尚潮流的现象，这种接收话语、说教和宣传的方式，欠缺安全距离与警惕之心，也缺乏批判精神和幽默的矜持。

巴特的著作反对那些消灭或抑制我们的理解的事物。这些作品是所有反智主义语调的解药：从"一时心动"到"一拳击中"，把智慧表现为一股欢愉和一件武器。

若用卡尔维诺所揭橥的价值来检视，这些作品的笔法偏重于精确与简练——对知识的渴求，以及对形式的持续关切。

（三）品味当下

巴特个人并不倾向于回溯过往，他并不把对语言的热爱与乡愁怀旧或其变形的封闭感联系在一起（他对先锋派文学的投入，体现了这股惊喜的渴望）。他捍卫创新、新式语言以及对外国语言的转借用法。深爱一门语言，就是希望它有机会演进、改变。一如对智慧的珍视，培养博学就是以现代的观点来面对知识，以开拓我们的视野，使智识的激荡点趋于缤纷多样。

（四）欲求渴望

巴特具备研究者与发现者的气质。他只保留能够让他进入下一个阶段的知识。即便在他最富科学精神的时期，当他的实践更贴近人文社会科学而非文学时，他也被一股发掘新事物和不断重新定义游戏规则的欲望所驱使。他支持一切知识过程中的幻想部分，以及一切教学关系中的欲望部分。借由这种对身心一体的提点，以及被贴上"**真理**"标签的结果（它总是具备"临时暂定"的特色），巴特痛斥了清教徒式的偏见——对脱离肉身的关系以及对永恒的价值具备一定信念。他协助我们提防"**教条**"之害及其麻痹人心的力量，避开**死气沉沉**的教师和屈辱苦修的学生，远离使人精疲力竭的劳动与"虚无"的知识（具有"虚"荣和"无"用的双重意义），这是一种西西弗斯式的行为，让-雅克·卢梭（Jean-Jacques Rousseau）早在18世纪就将其揭露："我见过许多'人'，他们比我更博学地研究哲学，但他们的哲学对他们来说，可以说是相当陌生［……］。他们研究人性，目的是用渊博的口吻来谈论人性，却不是为了认识自己；他们认真地指点他人，却不是为了启迪自身的内在。他们之中不少人只想出书，什么书都好，只要能被接受就行。当他们的书写完出版之后，他们对书中的内容却已没有任何兴趣，只是为了让别人采用，或是在内容遭受批判时为之辩护，除此之外并不会从中汲取任何东西为己所用，甚至只要没人反驳，就不必为了内容真假瞎操心。对我而言，我渴望学习是为了了解自己，而不是为了教别人［……］。[1]"

对巴特而言，在学习的渴望与教学的渴望之间，有一道至为重要的关联。在他的教学语言中，"为自己而学"的学习渴望并未失去，也不曾僵化。

1　Jean-Jacques Rousseau, *Rêveries du promeneur solitaire*, *Œuvres complètes*, tome I, édition B. Gagnebin et M. Raymond, Gallimard, "Bibliothèque de la Pléiade", 1986, p.1013.

对语言的热爱、接受差异的权利、品味当下、欲求渴望：这些价值都是基于一种和谐，一种融洽和顺的关系，归于一种精致的原则。这并不妨碍必要时它们能够表现出战斗力。巴特与他蔚为传奇的温柔谦和、彬彬有礼、良善慷慨并存于世，坚韧不拔且耐心十足。

某些启蒙时代的东西——乐观主义、求知欲、强调自由与个体性的顽强意识（这种对于观点的照看，即便迎向外部世界，却永远不会停止**对内心的启迪**）、风格——借由巴特的作品得以延续。读罗兰·巴特的书，对智力的滋补效果非凡，更向我们传递了一股清晰明确的能量。

某一天，一位朋友告诉我，她感到非常难过，因为她再也感受不到微风吹过发际的舒适。我们读书写作也是一样，必须有一股空气在文字之间流转，让一阵清爽的和风维持文字与世界之间的连结互通。

一项表达仰慕的练习

本书是一项表达仰慕与致谢的练习：我曾有机会

遇到一位完全被写作欲望占据身心的作家，且他的才华足以让读者感受到这股欲望，却没有让他因为已完成的实践结果而停下脚步。这片欲望的灿烂辉煌，这股幻想的魅力，并非立即出现在巴特的智识历程中——也许有，但要让它们扮演关键角色，还需要一段过程。我是在对传统大学教育极度失望的状态下去寻找巴特的，他当时刚出版《文之悦》（ *Le Plaisir du Texte*，1973 ）。巴特并未消解或否定那种灿烂与魅力，他派生出科学的归类，也从艰涩的结构主义中分离出明确的分类方式，冒险深入变化不定的地带，遭逢满满的阻碍与不可知，也遇见写作的愉悦或快感，——他冒险追随**欢快的**知识，决定不要忽略恐惧和充满魅力的另一面。幸亏有巴特的教诲，我才得以从令人沮丧的浮动状态过渡到幸福快乐的浮动状态。

《我的老师罗兰·巴特》这本书最初是由 1982 年到 2014 年间发表过的文章集结而成。我借着录制《语言的戏剧》（ *Le théâtre du langage* ）这部纪录片旁白的时候，将上述文字重新整理（这部关于巴特的影片由我弟弟蒂埃里·托玛拍摄，在 2015 年于 Arte 电视台上映）。我们可以根据两种结构或主题来阅读它："教师巴特"

与"成为作家",或是写作的欲望——里程碑式的小说《追忆似水年华》的主要动机如何在此被分散为一系列的智识小说,其中,幻想奇趣越发明显,甚至超越了写作欲望本身。这些在时间轴上渐次开展的文章,总是萦绕我心,但也激励了我。它们近乎某种幸福的标记,这种幸福,是写作在我身上所牵动的幸福感。开始动笔的激越之情,探索未知的兴奋之感。当然,客观地来看,巴特的作品丝毫不过时(持续有人翻译出版他的著作,激发大众的热情与崭新思考,召唤人们投入写作)。此外,更令我由衷感念的是,将我与巴特紧密相连的依恋关系与移情作用并未磨灭。与工作和岁月密不可分的学习过程让这种感觉日渐细腻,同时也逐渐强化;甚至成为构成我的积极要素之一。

因此,我决定不去大幅修改这些文章(尤其通过剪贴或增补的方式),而且将它们与尚未发表过的新作并列。两种来源的文字,用意皆不在于拼命挖掘晦涩难解之处(巴特本人是评论他自己最好的人选),而是想延伸扩展那些语汇、概念、想象,并以这种既忠实恳切又断断续续的伴奏风格呈现出来,而这一切,都来自这位被我们选定的作家。一切由他而起。

第一章

-

来自另一个时空的噪音

R Barths

我本来根本不认识罗兰·巴特。这名字是当时印在有着褐色边框的白色书封上的。再说，那个年代，我也不在乎是否还有依然在世的大作家。我总认为他们早已作古，规规矩矩地按照世纪顺序排列成队，反正 20 世纪跟 19 世纪也还相距不远。即便看到著名相片上披篷戴帽的安德烈·纪德（André Gide），也无法说服我事实并非如此。因此，当一位友人怂恿我打电话给罗兰·巴特，看看有无可能报名参加他的研讨课时，我只觉得极其诡异。但当朋友把电话号码和方便通话的时间都给了我，我便决定挑战这看似不可能的任务。为此，我还得去邮局打电话，因为在那个年代的巴黎，特别在某些区，家中还无法安装电话机。等候装机的过程太久，久到当话机终于来了，那等待的时间早就可以游玩好几个国家了。所以，我就去我住的那区、白色广场（place Blanche）附近的一间邮局，打电话给一位20世纪的知名作家。这时，在我身旁，竟开始传出一段对话，初似愉悦，却隐含着变成一场闹剧的危机，就在此时线路另一端巴特接起电话。隔壁那位太太瞬间爆气，开始向她的通话对象吼出谩骂之词。我当下虽感到难为情，想先挂掉电话，却不得不尽力提高声量，几乎是用吼叫的方式向巴特说明致电原因，在大庭广众之下说出我的论文计划大纲。萨德（Sade）的名号不仅没有安抚隔壁泼妇的情绪，反而让她飙出一记更响亮的高音。

而在另一边，巴特的声音却带给我一种梦幻之感。那股声音好似来自一处无穷遥远的空间，虽然可以透过邮局的话筒听到，却并非与它处在同一个维度中。那个空间柔棉如絮，隔着一扇双层窗，消隐在重重的天鹅绒帘幕后方。听着这股声音，我的脑中出现了一抹幻象（隔壁的太太此时已经进入满口含糊之词的辱骂阶段），那是一种出于研究精神与书写力量的寂静，是思考之室中的一片安和宁静，然而我当时却身陷一座危机惊魂之室。巴特的嗓音与用词咬字，具备某种质感，足以作为对于静默乡愁的印记，或是某种音乐感太旺盛的渴求，光是听他说话就令人陶醉享受。他的音色与咬字，诉说了一种渴望与悔恨。

之后一整天，我都为通话过程中被迫承受的粗言厉声感到怨愤遗憾，但在那之后，我便经常有机会与巴特说上话。而每次只要我们一开始交谈——只要我们的相遇不是在我第一通电话那种令人崩溃的声音背景中进行——，就会有一种糅合了惊奇与情感的音质不断重复出现，这种音质毫不在乎意义本身，让我得以无拘无束地纵情遐想。所以，有时我们的对谈会开始东拉西扯、不着边际，但我宁可专心聆听巴特说话，这才是重点。使人激动沉醉的，不只是他嗓音中蕴含的温柔，以及他谈吐措辞的清晰纯净、字字分明和极度的"地道法国味"——这种难以言传的感受在巴特于 1978 年 11 月在纽约的一场演讲中表露得特别明显。"有很长一段时间，我都早早上床睡觉。"甚至连演讲的主题本身都加深了这种难以言喻的嗓音感受，因为讲题就是在探讨一个无解的问题：普鲁斯特是如何成功地摆脱迟疑摇摆的状态，得以从《驳圣伯夫》（*Contre Sainte-Beuve*）的批评写作跨越到《追忆逝水年华》（*À la recherche du temps perdu*）

的狂想架构? 到了演讲最末，谜团依旧无解。我们只知道普鲁斯特曾有过一次关键的顿悟，而且发生在夏天。就某种程度上来说，只要相信季节的更迭与转变的力量，就说明了一切……

此外，在巴特的谈话中最吸引人注意力的，就是他那种徐缓的语气——有些令人意外的节奏（却绝对不是巴黎人说话的方式），不似我们所想象的那种飞速的激情语调，这种不快不慢的语速，吸住了在场每一个人。他能够把话说得如此从容稳重，令我惊诧不已。我不禁想知道，这究竟如何可能? 以那般平静和缓的语调让字句连绵而出，奢侈地给自己充裕的时间遍寻那个最贴切、最精准的动词。除了这项并不打紧的口语表达特色之外，有时候，在我看来，他的这种个人谈话节奏，对于想要理解巴特何以在 70 年代知识舞台上占据了既核心又边缘的位置，是相当关键的。似乎来自各方的压力都从这片"缓慢发言力场"的边缘滑掉过去，而巴特也因此得以支配、控制时尚的超速狂飙，通过他多面迸发的话语，成功使人认可某种原创观点并细腻品味。似乎必须在他自由奔放的心灵与准确无疑的变调之间（后者为巴特的言谈赋予了一种无以归类的异质感），建立一条连结。因为，这并非一个来自他方的腔调，反倒比较像一种属于另一座时空的说话方式。的确如此，而且，这只归巴特一人独有，无法凭借任何外部思维加以捕捉的内在时间——在这种内在时间的运作中，我们难得仅靠简练明晰的和谐默契，便能彼此紧紧相系。

第二章

-

语言艺术家

R Barths

罗兰·巴特在 1975 年一篇短文中写道:"我现在想象古希腊人的方式就像是黑格尔写的那样,他说树叶窸窣、溪流潺潺、风声簌簌,简言之即大自然的轻颤微漾,他充满热情,不断探问,盼能于其中构思神灵之用心。而我,则是听取语言之窸窣,探问意义之轻颤微漾,出自身为现代人的我所使用的这个语言。"真是绝妙比喻,我想。不久前在阿根廷旅行途中——精确地说,是在伊瓜苏大瀑布旁——我首次见到交织着青苔、落叶、藤蔓与花朵的原始森林。我走得汗淋淋,跟自己说要小心别走岔了路,因为这座森林我完全不熟悉。这森林于我既是惊奇,也是谜样的威胁。而我理解古人对自身所处的自然界这番热切探问,并非故作姿态,而是一种关怀。巴特与他对语言的热忱也是如此，这无疑是个聪慧的选择，但如此选择塑造了巴特的作品和他的存在，正因为选择是基于偶然显现的灵光，要知道，在这座我们专业领域里的语言森林，小心戒备是至关重要，甚至不可或缺的。因为忽视语言，就是对自己的无知和"词聋"。其他的无知，如我们的无知，即是与生命擦肩而过，这个活泼震荡，富含延展、分歧、回响、私密的生命：**它的**生命。

巴特对文字的分析精微独到，且热切钻研言辞之术，特别是语言的限制与陷阱。好几次，基于（深深烙印在天性中的）不同原因，他表现出对话语（parole）的不信任，保持与话语的距离，做出观察与批评。对于似是而非的矛盾话语明显偏爱的他，揭露出话语在照理来说应是不定、被遗忘、转瞬即逝的特性之下，具备一种定锚的力量，因为："话语注定不可逆，说出去的话是收不回来的，只能续增。因此，修正话语，有点奇怪，就是补充。说话时，话语向来无法擦掉、抹除、取消；我唯一能做的就是说出'我取消、我删除、我更正'，简而言之就是继续用说的。"

巴特并非刻意玩弄话语，话语于他是自然流泻，说话如同呼吸般本能，语言如同空气一般，并无形体。

说话会导致陷入刻板印象，化散于平庸中："能量，尤其是语言的能量，使我大感震惊，这可能是唯一（除了暴力之外）让我觉得疯狂的时刻。"说话和交谈之需要所产生的力量，玩笑话与自我满足的热切欲求，面对谈话之间不知会持续多久的寂静空白所产生的焦虑，这些在双方关系或朋友之间可以只是略微紧张的情绪，一旦上了广播电视公开表现，就成了令人恐惧的禁忌。

除了对其不可逆性有所怀疑，以及对无意义声音感到恼火之外，话语——特别是在讨论或辩论时——尤其使巴特感到厌恶：为了赢过对方而刻意表现，不计代价强迫对方接受自己的观点，换句话说，也就是使用各种诡辩、强辩威吓对方，不让对方反驳。在这种争取自己话语的存在感并且驳倒他人之言的粗暴尖锐背后，其实是一种无力感：对疏离的日常经验，对孤独的悲伤，即一种活在"语言彼此无法沟通，只能耗费时间的印象之中。"

巴特对自己的描述是"对文字痴迷，喜爱语言（而非话语）。"那么，他到底是哪一类的说话者？我们已经猜出他并非滔滔不绝的话痨，也不是自命不凡的空谈者，更不是大家封给他的"聪敏出色的健谈人士"。

他无意迷惑听众，也导致他对演讲不感兴趣。酒精与谈话同样醉人，且两者相辅相成，互相激荡，都不是他的作风。那么，他是个沉默寡言之人，是个躲在自己寂静象牙塔里的作家？完全不是。如果说他对说话的狂热无动于衷，他却又珍视与人交谈所带来的欢愉和丰富，以及所搭织起的友谊纽带。1979 年 8 月 27 日晚上，他在日记上写道："我们（菲利浦·索莱尔斯和我）谈夏多布里昂，谈法国文学，又谈到瑟伊出版社。与他交谈，总是情绪高涨，充满想法、信心和工作的兴奋感。我从前想写一部法国文学史，他激发了我不少灵感。"就职业而言，巴特是收费的演说者，而且他属于这类言语出众之人（教授、律师等），这些人说话时的造句从头到尾都很复杂。在图农街（rue de Tournon）教课的那些年，他努力打破研讨课的**单一连续感**（*continuum*），给予学生在课堂上偶发找碴的机会。但比起学生，他仍是课堂上说话最多的人，也永远是口语意见交换的领袖大师。

巴特是非常有自己风格的谈话艺术家。当年有幸聆听，今日还能一听再听巴特在法兰西学院（Collège de France）授课的录音以及电视广播节目重播，都远远超过任何说话的职业所能带给人的特殊感受，余波荡漾。感觉每次聆听都是一场特殊的声音演出：智性的快速联结，特别缓慢的发音和带有丰腴肉感的声线，根本是天生的声乐家——在他受教于夏尔·潘泽哈（Charles Panzéra），而且还未患肺结核之前，当年是他雄霸一方的时代。

歌剧简介小册上的某些文字段落，如话；而听巴特说话，如歌。乐音贯穿于他言谈之间，不是一个天才弃儿的思乡之音，而是在当下，寻求自我的书写所留下的痕迹。"书写发端于话语变得不可能之处。"因为巴特式谈话的魅力风靡了他的周遭，始终如一，炙热非常，卓越非凡。

第三章

-

研讨课或"在舞动中书写"

R Barths

研讨课的空间是一座自给自足的乌托邦式社区，
换句话说，在某种意义上是浪漫的。

——《罗兰·巴特论罗兰·巴特》

　　为什么要把罗兰·巴特主持的研讨课与舞蹈连结在一起？是因为去上课的人都踏着特别优雅的步伐赶赴课堂吗？的确如此，但是从他们的听课姿势其实看不太出来，想要一睹真容，必须在研讨课以外的时间碰到他们。其中某些人舞跳得非常好，他们固定去上舞蹈课，以研读文学同等的精力学跳舞，这份精力是一种更普遍的态度。对此，柯莱特·菲卢思（Colette Fellous）写道："我每天的生活很有节奏：跳舞、写笔记、读书、种花、看电影、做白日梦，以及散步走路。我在其中勾勒出我的自由和生活形态。巴特向我们示范了，只要我们细心关照一切，万事万物皆会产生意义。一切都能成为欢乐、分析与娱乐的源泉，我们每个人无时无刻都可以扩展生命，为生命赋予层次、立体感及密度，进而全盘改变生活。这就是我们在聆听巴特思考的时候明白的事。"[1]

参加研讨课的人生活多彩多姿，才华横溢，千奇百怪，国籍与口音混杂多元，诸此种种都构成了课堂的魅力。但最终，我们还是得说——故事就此打住——即便巴特的研讨课横跨如此丰富的领域，但在课程中却容不下芭蕾舞步，而且据我所知，没有人是边跳着探戈边进教室的。

所以我们是**坐着**讨论，而且，虽然我们还年轻，但已经意识到最终会变成木乃伊的风险，一如兰波诗作中描述的"端坐者"（Les Assis）：

> 这些老人总是把座位编成发辫，
>
> 感觉炙热阳光刺射皮肤，

1　Colette Fellous, *La Préparation de la vie*, Gallimard, 2014, p.48-49.

或者，双眼盯着照映残雪的窗边，

因蟾蜍的痛苦颤抖而感到心惊胆怵。[1]

　　我们并不确定是否只要好好理解文本的"辫子"
或"组织"，就能借此逃脱更容易使人上当的编织结构：
它让勤勉好学的人牢牢在椅子上坐定，使他动弹不得。
我们是否可能同时选择书籍与生活、静止与动态、图书
馆的寂静与世界的喧嚣？一切问题就在这，这就是为什
么我们这一大帮人每周都要挤破头去图农街上课。由于
报名上课的人实在太多，有时超出预估，有时抗议连
连，所以巴特自1972年起，不得不改变研讨课的布局
安排，并减少听众。原本在大研讨课，四分之一的人得
站着听课，挤在楼梯上，他们一个字都听不到；如今
则缩减成小班制。"十年以来第一次，研讨课的旁听人
数必须受限，主要的限制对象是在校生。我们希望善
用这项被迫执行的精简计划——归咎于原本研讨课日趋
严重的窒息感——尝试发明新的讨论形式。参与者被分
成三个不同的小组［……］；我们最先提议的唯一任务
是：针对某项书写作业的前置与生产条件进行检验、分

─────────
1　Arthur Rimbaud，"Les Assis"，*Œuvres complètes*，Gallimard，1976，
　　p.37.

析，并在必要时加以批评一番。这项作业就是'博士论文'。"这系列的研讨课人数减至十五人左右，真的是"规规矩矩地坐下来讨论"。

我们想用舞蹈的律动标出生命的节拍

没错，我们想献身于知识分子的生活，因此大部分的时间都会坐着不动，却并未因此失去与身体的接触；我们想要一种舞蹈节奏在无形中萦绕着我们最沉思的冥想姿态，徘徊不去。"文字—神力"（mot-mana）是神圣的字词，能够调和对立面，将芭蕾舞者的灵活弹性——舞步里的"一字马"（grands écarts）与"凌空越"（jetés）——与作家定点于一处、公务员般的生活作息相互连结，这个神圣字词是关于**身体**的字汇，是一个神奇的概念，被灵肉与欲望填塞充满。研讨课本来与舞蹈毫无关联，但由于其唯一目标是写作或将身体融入作家的作品中，因而能够启发舞蹈方面的研究，或是反过来引导我们这帮学生采用一种加倍自由的文学研究方法，灵活、随势而动（这就是巴特在一本一本著作中，以一种微妙的"肆无忌惮"精神所实践的），乘载一股丰沛的幻想力，这股力量并不会被知识所压抑，而是借由知识来传递。

在舞动中书写，这是塞韦侯·萨尔杜伊（Severo Sarduy）一部小说的名字；它是一种写作的观点，也对应了研讨课的视角。而且，我们告诉自己，即便我们必须日日夜夜埋头在书堆中，生活最终会好好地"百倍奉还"给我们。这倒是真的。不过，那是我们的一种秉持信念的行为，它大部分仅基于为了学术需求、摸索寻路或粗略为之的写作实践（除了一些例外）。

偶发事件的艺术

巴特研讨课最引人陶醉的元素既非抄抄写写，也非一眼可以看破之物。研讨课的谈话内容并不适合做笔记。巴特首先就不太相信学生做的笔记。对他的思考来说，这些笔记危害甚大。不只是因为做笔记的人一心想要掌握要点，却在过程中造成了扭曲语言事件的一种划分，促成了夹带风险的大胆走向以及意料之外的细枝末节，似乎笔记只能抄录已然死亡的话语内容（在这一点上，笔记与摄影功能相仿）。此外，笔记与**离题**的概念无法兼容（传统的上对下、单向式授课是不允许离题的），但"练习岔题"反而在研讨课中备受欢迎。对巴特而言，在话语中，题外话就相当于写作中的片段（fragment）。离题正如片段，它容许旁白或私语，打破话语的独白，开启题外话的空间，让我们可以稍微逃遁到无意识、无逻辑或空洞之中。离题令人心喜，犹如沙漠城市中通往天空方向的街道。因为离题，我得以自行打破思路或根本忘掉那条思路。我们以任何借口偏离原路：也许是一个口误，也许是一抹微笑。

研讨课中的离题并非即兴表现。巴特从不倚赖自发性。研讨课没有任何**偶发事件**（happening）的元素，甚至如同旧政权的报刊媒体一样，颇具反叙事（antiévénementiel）的色彩。巴特容许岔题，只是因为他早已完成了细致的准备工作：阅读讲义、大纲架构、精确的组织安排，但没有刻板僵化或封闭的体系。这种特殊说法既非教条式的**范畴**，也非概念的自由组合，没有**先验**的导向或专断的偏见，它引发了另一类更加个人化的标记法。每个人都记录下使自己离题的字词或想法，大声说出来或默默记下。参与者的发言既不正式，亦非对话，更没有打断巴特的独白，而是以其他可能的延伸强调之，引发对老师发言的回响——这些回响可能忠于巴特的说法，也可能使之扭曲变形，或甚至以奇怪的观点令其效果加倍。它们是一种"流浪式"课程内部的"出游漫行"，但都位于限定的范围内。根据贝尔纳·康蒙（Bernard Comment）的说法，这种灵活弹性类似"使自身随时准备面对偶发事件"的一种方式或一种**艺术**。它回应了两项禁令："一方面，它绝对不该成为一种方法，因为这样有可能使经验变得更为物化。另一方面，它应该避免反向的障碍，包括根据一种被巴特喻为刻板印象的自发性，不分是非地倚赖自己的冲动。这种双重约束（既非方法，亦非自发性）界定了耀眼明亮的狭隘空间，是不含目的的预谋和不可预测、无法重来的偶发事件，两者之间突发的相遇。"[1] 研讨课的谈话目的正是促成这样的相遇——充满了不确定性、阻碍与幸福时刻。

听见寂静

上课的内容不太能转录抄下，也不容易凭记忆记

1 Bernard Comment, "Un double foyer", *La Recherche photographique*, *Roland Barthes*, *une arenture avec la photographie*, juin 1992, p.83.

下，因而在某种程度上令人失望（根据可自动传递和可堪使用的知识要求来衡量），课程更重要的重点在于身体的记忆，或者甚至就是"声音"的记忆。巴特在谈论他以前的歌唱老师夏尔·潘泽哈时宣称，潘泽哈的教学对他具有"示范价值"，因为他借此初识了"法语的物质性"（matérialité）。他补充道："［……］如果我们失去了与语言发音拼字或语言音乐感的连结，就会破坏身体与语言之间的关系。"[1] 在巴特的文学教学中，这种乐音作用与身体方面的追求接连出现。对我来说，巴特非比寻常的声音以及讲究的谈吐咬字，是研讨课的主要课题之一。我去上课首先是为了**聆听**，学习聆听他人、聆听自己，也学习如何掌握对母语、对母语的韵律及力量的敏感认知。

我凭着这股乐音忆起了研讨课，而同一股声音也贯串了巴特的所有作品。也因此，当菲利浦·罗杰（Philippe Roger）想要找出巴特的一段话却苦寻不着时，便在记忆中"（并不是）重建一种感受，而是一种节奏。我无法说出我想不起来的这句话，更别说去摘录了；但我似乎可以把那句话的韵律转换成四分音符、八分音

---

1 "Les tantômes de l'Opéra", entretien avec H.Bianciotti, *OC*, tome IV, p.490.

符、停顿及节拍。能让我回想起巴特的，是那些韵律声响的价值"[1]。

巴特的说话咬字清晰、沉稳、悠扬悦耳，似乎从来没被逼着急急忙忙一定要说点什么，也没被对峙冲突引发的狂热所动摇。就像一首歌，这种说话方式使人得以听见背后的寂静。这就是为何巴特的声音更适合独白，更适合沉思式、梦幻般的休止停顿，而非辩论的狂热躁动——在辩论的语言争锋中，人们无法容忍一秒钟的沉默。巴特的声音不是播报新闻的声调，也不是宣告时事的语调。在他的音色与沉缓中，有某种陈旧过时的东西。当我在第一次嘈杂惶恐的电话惊魂中听到这股声音的时候，它非常干扰我，使我与现实脱节，而这个声音，为研讨课定下了基调。它排除了冲突，并强加了一种不协调的布局。侵略与暴力皆遭禁止——并非通过明确的法令，而是通过物质与音调上的不兼容、通过巴特的悦耳嗓音来禁止。

在公开（以及教学）语言的舞台上，沉默竟然举足轻重，这真是岂有此理！这样的坚持，并未施加在信息的影响与关连性之上，反倒是偏移到被悬置的语词上，这个语词追求的是一种心照不宣，是一道空白。在

1　Philippe Roger, *Roland Barthes, roman*, Grasset, 1986, p.3.

圣日耳曼一带以及与流行体系息息相关的某个地方，它成了一种禅意无限的吹拂。它始终伴随着巴特的治学方法，让我们意识到我们无须动机的存在——我们分散在桌子四周，每个人面前都有一张笔记纸，随后在纸上记下我们再也不会重读的文字。呼吸吞吐、深思凝视的时光、虚幻的脱离现实过程："研讨课运用知识或知识的追求，在一种半知识、半友善的社群中发挥作用；不论只是一个班或一门课程，它都足以让人想起 18 世纪各个省份所谓的'学区'[1]。"

在没有答案的提问中**该说什么**？**为何这么说**？研讨课将体制、严肃性以及课程安排全然抛在脑后，并确立了它的诗意形式与幻梦般的乌托邦境界。当然，这些只是转瞬即逝的时刻。研讨课顺利进行，但却没有脱离所有对效率的顾虑与学术的需求。大多数学生都注册开始写论文。对巴特来说，这是他职业生涯的一个转型阶段，因为他在 1976 年当选为法兰西学院讲座教授，自此之后，他开设的课不再是研讨课上的友善聆听和轮流循环的话语讨论，而是在广大听众面前开讲，且大部分都是匿名不识的陌生人。这就是为何在图农街最后一堂

---

1 "Roland Barthes contre les idées resues", entretien avec C.Jannoud, *OC*, tome IV, p.568.

（名为"那之后呢？"）的研讨课上，巴特宣布："我希望你们之中的某些人行行好，与我保持友谊，随我一起去法兰西学院继续上课：我想这样彼此都会更舒适自在一些——这未必是好事。虽然研讨课的教室空间并不舒适，但我认为，与法兰西学院设有讲席的大教室相比，研讨课这里的聆听交流更加亲近没有距离。[……]不舒服环境中的舒适感即将消失，舒适环境中的不舒服感即将出现。"[1]

契 约

不过，我们每周固定去上研讨课，并不是为了巴特的学术视野，也不是为了他跟学术圈的关联（当时也有比研讨课条件更好的教学场所），更不是为了那些单纯的消遣时光、诗兴流淌的气息、"无人承继"的知识。因为，如果仅仅出于这份自由的追寻，何必填表报名，

1　事实上，这种变化对他来说并不舒服，就像马蒂说的："巴特对高等实践研究学院的研讨课念念不忘，老师坐在学生们中间，学生们围绕自己的场景与圆桌骑士的情景一样充满了睿智，甚至连那张纤美的空椅子也浸透了知识。作为法兰西学院阶梯大教室的演讲者，其地位不允许他再次对听众们的赞同和评论提出问题。他因此而抱怨不已。"Éric Marty, *Roland Barthes*, *Le métier d'écrire*, Seuil, 2006, p.23-24.

把自己封闭在研讨课的空间里，违背既定的教条？这种勤勤恳恳的态度是出于何种心态？——既然它无法以某种学院的"超我"立场来解释（巴特并未展现任何形式的父权姿态），也无法以纯粹的任性或稍纵即逝的心情表现来解释（咦，我不如去听听巴特的课？）。我们这样从不间断的坚持跟课，我认为，是出自一份"契约的诱惑"。在《罗兰·巴特论罗兰·巴特》中，我们会读到一段"对契约的暧昧礼赞"："人与人之间关系的运作须用誓约来维系，誓约可以建立一种高度安全感，避免施与舍失去平衡等。就这一点看——既然身体直接介入进来——好的契约模式如同一纸卖身契。这纸契约为所有社会或政体（非常古老的社会除外）宣布为不道德，事实上可以摆脱交易中人们所谓的**想象障碍**（embarras imaginaire）：我怎么知道应付对方的欲望，**我在他心目中代表什么**？"[1] 因此，以卖身契的角度来看，巴特并未向我们兜售任何特殊的知识，他所兜售的，是**作家的形象**、戏剧性及其"容光焕发的身体"，如同萨德作品中的场景："[……]萨德式的身体其实是一副被舞台灯光自远处照亮的身体；它只是一副**闪亮夺目**的身体，其均

1　*Roland Barthes par Roland Barthes*，*OC*，tome IV，p.639.

匀、遥不可及的亮丽本身，抹消了个体性（坑坑疤疤的皮肤、丑陋不堪的脸色），却让纯粹的优美翩然走过。"[1]在这个每周登场一回的表演中，巴特扮演了**书写者**的角色。通过他的话语与作品，我们渴望写作，幻想它的仪式与快感——幻想正如同逃避行为：契约的另一面是，我们是**不书写之人**，而且以跳舞代替写作。我们也拥有这项无价宝物，但对于谁拥有这项宝物丝毫不在意，因为这件宝贝只能从别人的眼中看出，那就是：青春。

巴特在受访时对赫克特·比安乔蒂（Hector Bianciotti）说："我刚去看了摩斯·肯宁汉（Merce Cunningham）和约翰·凯奇（John Cage）的芭蕾舞剧。我觉得这是一场温柔细腻的演出；但在芭蕾舞本身之外，我又被歌剧表演某种皇家气派的声色肉感所征服：它自四面八方发散出来，从音乐、视觉、表演厅的气味，到我称之为舞者般**优雅**的夸张身形，展现在巨大的空间中，光彩夺目，令人惊叹。"[2]

研讨课展示了写作的"优美"。写作的失败和涂涂改改，在作家的书写姿态中消失殆尽，消融在耀眼光华的远方。

1 *Sade*, *Fourier*, *Loyola*, *OC*, tome III, p.813.

2 "Les fantômes de l'Opéra", *op.cit.*, p.490-491.

报告：舞蹈课（档案式的小补充）

我们虽然不是跳着舞进课堂，但舞蹈宛若思考的旋律不请自来，就如同这堂"舞蹈课"演讲给我的感觉。在此有教务主任的文字为证，作为研讨课精神、主题选择自由、课堂欢乐气氛的具体纪录："三、**声音的集体作用**，如同第一组，主要是预备工作，随意进行，没有预设顺序，自由分享，形式多元［……］：声音描写（柯莱特·菲卢思，尚塔尔·托玛）、声音心理分析（尚路易·布特）、闲言碎语（伊莎贝尔·葛蕾、克莉丝汀·德拉芭）、狄德罗和卢梭的声音与书写（爱芙琳·巴许列）、莫里斯·布朗肖的声音（爱芙琳·卡匜德）、声音与主体（尚卢·瑞孚）。［……］"并再次强调研讨课的目的不单单限于学识的传授，更期许在追寻智识的道路上，能逐渐建立相互倾聆的时间与空间，益处与乐趣源源不绝。

舞蹈课上的声音

我将舞蹈课看作一种隐喻，一种微光，可化约为这句话：他人的声音训练我能够真实拥有自己。

到处都可以跳舞。只需一方立足之地，光滑平稳，且无隐蔽暗藏的凸凹机关，至于痛苦扭曲、摔倒、离世，都不是事先编排好的舞步。到处都可以跳舞，舞蹈课也可以跳。在空荡荡的大教室里无限映照出等待着我们的侧影，是一个舞蹈课教授。

——"一开始的更衣间仪式，包含了脱衣／穿衣的艺术，宛若相同且唯一的动作，前后之间展现的只有在衣着之下挣扎摆动的身躯。动作行进间伴随满满的闲聊，罩衫下盖着几声轻笑。遇到扣夹或者领口太小而使穿脱姿势受阻暂停，几处勾破扯拉出的小裂痕微微露出腋下与发际下的嫩白颈项。最终，所有的身体都套上一体成形的气密紧身衣，如同未开封使用的家具，并以一层死皮套在充满生命力的皮肤之外。"

——"声音逐渐稀疏，终至停止。一阵安静，舞者的身体准备好面对严格的拉筋，由一道中性的声音数算着前进与轮回的数字。"

声音没有故事，除了舞蹈课必须的仪式之外没有其他声调。真实的言语，然而真实性并不存在于言辞之间，而是所建构的材料。

言语表达的行为，事实上重点不在于（言语表达之）主题，而在于其表现方式：我们对于施虐的叙事女声音色，语气全然不知。声音为素材，亦如是作用在其他身体上，这是它唯一可能有效的功用。"说故事者"的声音只是一连串的恣意行为，与任何理想主义一点关系都没有，或许也因此不符合。

支配舞步的声音只回应了舞者不规则的喘息声，脚步轻掠过地板的沙沙声，跳跃后落地的沉闷声。

茱丽叶在进入"罪之友社"教室前首先注意到"除了动作必须的语词，愉悦之呐喊和一只苍蝇引起的许多的咒骂"。

但是在萨德的作品里，"动作必须的语词"具有的愉悦运作方式与支配舞蹈现象不同。前者的的确确在于"自我的诱惑"，意识到被听见自己发言，期待能够达到（依德里达之见）理想中的熟练与自制，将异质感受转变为自我感受，将他律转变成自律。在这个适应的过程中，产生一种"自认正常的幻觉状态"。

而对舞蹈技巧逐渐熟练的感觉随伴着与下达命令和纠正姿势的声音逐渐接近和内化的过程，或者相反地，笨手笨脚和无能为力的感觉随着渐舞渐远、对那声音依然陌生的过程，声音谈着外面，弃我们于暗黑的情绪之中，既痛苦又愉悦，在身体的不协调以及动作与声音的不合拍之中，追求一个自己的正确形象。在姿势与身形之间、身形与世界之间、欲望与其诸多形式之间，存在着难以计数的不和谐，正是由舞动的身体所散发传递。

舞动的身体，瓦雷里说道："欲全然自主，臻至超自然光荣之巅"，是受荣耀、高度、光辉的幻想驱使（与萨德笔下人物完全相反，他们怀抱着一种激进的颠覆，对于耻辱、深沉与暗黑的欲望）。

"现在我很轻盈，现在我飞了起来，现在我看见自己下面，现在有神在我里面跳舞"，查拉图斯特拉此言表达出的快乐就在于自我的增长与增强；同样地，"跳舞的快乐也引出了自身周遭之观舞的快乐"。

正由于说话的声音与自己之间的绝对相异性，使得萨德式的放荡主义者只接受遭其辣手摧残的受害者随伴其叫喊的愉悦。"受害者的义务，"他对她说，"即听凭安排，绝不能享有任何愉悦。"

分享愉悦，梦想有一具懂得享受欢愉的身体……对感官的纯真的定义严格说来："我可曾要求你们扼杀自己的感官？我只要求你们保持感官的纯真。"查拉图斯特拉如是说。

第四章

-

不写论文的研究生

R Barths

因为结论并不正确：我散步，故我在。

——笛卡尔

悬置的时光

　　我以前很享受学生生活。我不懂为何学生生涯总有一天终须结束：为了过渡到坚实牢靠的现实面——例如就业、建立家庭——就得以安定满足的生活所必需承担的双倍烦恼来填饱肚子？就必须勤劳早起，日复一日在同一条生活线上来来去去，每晚回家睡在同一张床上，最好也要同一时间就寝，而且每十到十五年就换个枕边人（却避不开风险与撕裂、离婚与诉讼、损失、房产、孩子权益归属的重新分配、令人苦恼的收入支出清单）？愁绪满怀，对于"向往长大成人"这件事，我兴趣全无；也许只是因为我没有能力去面对，但这不重要：重点在于别让我们陷入与自身不合拍的局面。

如此看来——说到延迟与"制造生产"的世界正面对决时刻的欲望、具体的物件生产（无论是书籍或滑板车），或是严肃的社会地位——，罗兰·巴特的研讨课在当时不啻为一项理想的解方。注册课程、选择论文主题这些事情，至少在时间投入方面并未有太繁重的规定。唯一该做的就只是每周四下午四点钟前往位于图农街六号、与顶楼套房一般大小的房间——置身其中，我有一种从自家迁移到一处逼人用功的"境外飞地"（enclave）的感觉，维持着一种近乎神奇的连续感。巴黎的屋顶精巧细致，展现灰色的渐变，层层叠叠复杂无比，这些特色对我来说构成了一种挖掘首都之美的幸福滋味，在我看来，这个研讨课的时光，除了使某种潜在感的纯净气泡维持完整不破，也让我多了一个"活在屋檐下"的额外可能。这每周一次的聚会研讨是一个固定不移的标记点——因此极为宝贵——，位于一系列由活跃交流与消极倦怠所织就的杂乱无章之间（大部分是随意而至的即兴发挥），但总是由稳定的阅读时光与阅读所激发的想象力紧密相联。而没有电话机可供使用、对外联络不便这件事（在那时根本是家常便饭）——想打电话还得跑一趟邮局，这反倒带来了另一面的奢侈：省去了回复的麻烦、永远不会被铃声打扰——使人得以凝神静心，在自然生成的私密状态中，恣意挥霍无忧无虑的日日夜夜。我感觉自己与《学生》（l'Étudiant）中的角色意气相投，一如他在俄国故事或德语文学中登场的面貌——例如，在霍夫曼（Hoffmann）的故事中。这名角色难以定位，隐隐约约带点神秘感。他与一切事物格格不入，不断迁徙，勤奋演练，出入于烟雾缭绕的酒馆，陶醉于一人的独处，自有一种幻想联翩的情感幅度。一名爱做梦的人，却不敢真的在永恒面前自诩为青春年少，他下定决心无视下列种种的算计衡量：年龄、工作、收入、丰功伟业、履历及资产负债。这样到底算是庸碌失意，还是才华横溢？最大的挑战在于，他必须在缺乏任何证据的情况下，证明自己有能力滋养对自身与他人的质问——只要这样的质问能够持续引发他人的兴趣。

巴特的研讨课极其受限的授课模式，切中了我想永远当一名学生的欲望——一名活在纸页间和云彩间（entre pages et nuages）的学生。巴特的课不论在授课的实际题材（也就是文学）方面，还是在撰写论文所需的时间方面，并未规划出明确的范围。说到文学，出版《论拉辛》(*Sur Racine*)所激起的风波已渐趋和缓。1968年的五月革命学潮造成了堪称无法回头的转折点：出现一种断裂，一边是"过去"，它代表传统，是教师站在讲坛上滔滔不绝传授知识的授课方式，老师以钻研某位作家或某个时代的专家身份，从声誉名望中提取出的权威感；一边则是"现在"，既大胆果敢又犹疑不定，不断追求创新。

如此一来，在这个所谓的"现在"当中，特别在我们图农街研讨课的午后时光里，时代错综交叠，学派呼应激荡，没有人会阻止塞维涅夫人（Mme de Sévigné）穿越时空与伍尔芙（Virginia Woolf）相遇，也不会妨碍萨德碰上罗耀拉（Loyola），而且极少有作家能够完全摆脱弗洛伊德的精神分析。一股反思性的力量不断在暗中窥伺，全力促发了由课程的踏实感与仪式性所引起的普遍震撼。我们细查深思、分析无微不至：讲师按惯例站立于中央，学生则围坐四周，轮番上阵对着老师发表报告，也会做做笔记，轮流发言，有时，全体听课学员甚至陷入谜一样的鸦雀无声。对这群听众而言，教师巴特犹如在精神分析师与病人的关系中，占据了"被分析者"的位置。现场散发出一种毫不宽容的森严戒备气氛，从中诞生了另一套知识传递的模式，求知欲蠢蠢欲动……

"未来的大师尚未出现，往昔的大师已成过往云烟，"托马斯·伯恩哈德（Thomas Bernhard）如此宣称。这句话真的适合用来形容1970年代吗？我们姑且信之。事实上，"往昔大师"迅速就被"未来大师"所取代，但根据的却是截然不同的期许与关系，在此，由阶层控制所孕育的旧式权威已不再算数。的确，上一代的大师们一一陨落，新时代的接棒者点燃了精彩非凡的激情狂热。哲学家克雷蒙·罗塞（Clément Rosset）转述了下面的小故事：在乌姆街巴黎高等师范学院的演讲厅里（雅克·拉康习惯在这儿上课），一批学生屏气凝神、安静等待着。时间分秒流逝，拉康还没出现。但大家动也不动。"每个人都平静耐心地读读报纸，看看笔记，试着破解棋局或填字游戏。大家好像在等着什么东西，却也似乎在勉强自己别等了。"[1] 终于，克雷蒙·罗塞想要弄清楚这到底是怎么回事，他才发现，其实大家早就知道大师那时正在国外旅行，不会来上课，但还是前来这

1　Clément Rosset, *En ce temps-là. Notes sur Louis Althusser*, Minuit, 1992, p.43-44.

处神圣之地，以行动展现对大师疯狂执着的忠诚。"因此，在我身边的这一百多人，生怕只要缺一次课就会严重减损他们对拉康的全心臣服，即便早就知道且确定拉康当天不会来上课。通过这次短暂出席了一回'教师本人并未发言'的拉康讲堂，我终究学会了所有如果拉康亲自开口能够教会我的事：我一下子就懂了——拉康研讨课的小丑行骗特质，特别是当人们懂得如何体面地供养'知识臣服'的需求，那种理智上的迷失可以达到何等程度。"[1]

擅长观察细节的学生

帕斯卡·布鲁克纳（Pascal Bruckner）在巴特的学生身上，也感受到同样的盲目跟从和疯狂仰慕。帕斯卡自己那时候已经申请在巴特的指导下撰写论文，但毋须参与研讨课，所以可以保持某种距离，意志坚定，一心想迅速完成论文与口试答辩。他在《一名好儿子》（*Un bon fils*）这本书中，以下列这种方式回忆巴特："巴特是

---

1 Clément Rosset, *En ce temps-là. Notes sur Louis Althusser*, Minuit, 1992, p.44-45.

一个单纯的人，容易亲近，对其同时代的人、事物与自身的思考都极为慷慨宽厚。"在表达了巴特的作品对他有多么重要、并在那时带给他一抹自由解放的呼吸之后（当时的知识界被马克思主义以及"先锋派学术恐怖主义及其陈旧的鲁莽态度"所钳制），帕斯卡终于也提出了他对研讨课的观察："巴特移动往来的时候，通常都有一群忠实的'朝臣'相伴，他们对新来的人恶目相向，试图赶走对方，就像仆人拿着驱蝇掸保护主人免受虫子嗡鸣骚扰。这真是诡异的经验：在巴特的研讨课中，所有人说话都带着巴特的口吻，对他的矫饰风格及新词新语亦步亦趋，下意识地被感染，模仿起他的习惯小动作。这位醉心于多元语言表现的教授耳边所听到的，都是同样的用词语汇——学生们卖力地推广、流通这些词语，化身成一只又一只的博学鹦鹉。"[1]

上述这种出于某种迷恋而晕头转向、显然充斥反叛意味的观察与领悟，让我意识到我所完整经历的研讨课过程，恰好是反面的对照[2]——而且是最核心的差异。

---

1 Pascal Bruckner, *Un bon fils*, Grasset, 2014, p.167-168.

2 反面的对照，因为我真切地感到对立；既然布鲁克纳选择博立叶作为博论主题，那么我就选萨德。我在想，是否有人会在巴特的指导下写一篇关于罗耀拉的博士论文。

这是我当时唯一选修的课程。那时我遍读福柯、德勒兹、拉康，但没有去旁听他们的课（除了上过拉康的一门课以外）。我虽然很怕最终在那些"用学坛宝座帮自己编辫子"的学界老人的权威中溺毙，却不排斥借研讨课之机帮自己"编辫子"，在这件事情上，我甚至全力以赴。我乐于成为"巴特式语言"的专家，逐渐熟知那些抑扬顿挫与扭转拆解，而学员们在不知不觉间也丰富了老师的语词。就在过路客对于只听到"鹦鹉学舌"的唱和杂音感到不耐烦的时候，我却能察觉其中的转调与变奏。研讨课的学员个性互异，和语言的关系也各自有别，呈现出五花八门的缤纷美感，这点深深吸引了我。对一个讲究细节的人来说，因为特征差异所形成的微妙分组配置，使这个研讨课熠熠生辉。

我对于"巴特式语言"的学习，重点并不在于磨炼我的批判精神。相反地，我全盘接受，乐在其中，珍爱与之相关的一切（只不过，一般来说，逆向思考并不会促使我去真正地思考）。在我看来，跟着巴特学习，不只是确信某种文学与写作的观念，从紧密相连的角度来说，也是去相信一种生活风格（而友情在其中占据了核心位置）。那是因为，研讨课的整体经验不只局限在课堂上的钟点，它还会延伸到课外的夜间时段，从咖啡厅到餐馆（最常去的是位在图农街的中国餐馆），有时还会跑去夜店：这是男孩与女孩分道而行的时刻。每个男孩和女孩都随着专属自己的音乐曲调翩然起舞。此外，还有另一个时间上的分别点：巴特从来不晚归（极少超过晚上十一点），但对于他的社交圈来说，夜正新，犹未央。

我所积极参与的研讨课，以同样的步调，囊括了关于文学的一套词语，以及一个关乎写作的梦——但个中所得远远超出了上述两者的范畴。我潜心研究文本的解读，并以同等的热情去理解友情与爱情之间的亲密程度。这位"擅长观察细节的学生"惊叹地发现，友情的国度是多么广大而隐秘，以及这个国度如何容纳了若有若无的细微浪漫，也或许带有一点介于有无之间的情色意味（根据萨德将文章归类的区分方式）。

研讨课使用的文本，以自身的方式，成为了一种"柔情地图"（Carte du Tendre），其轮廓游移无定，定位点变动不居。小纸条与明信片随着某桩事件、某趟旅程或某场缺席的触发，来来去去，流转传递。

在班上，我记得有一整组同学紧张到全身僵直，有如一批自动机器人，喃喃复诵老师最爱说的惯用词语，在研讨课内流通运用的语言中，确有奇妙怪异之处：一种介于书写与话语之间的罕见状态。罗兰·巴特会参照已写好的档案资料来授课，但这些材料本身，已经构成一本书的部分草稿。研讨课的时间属于一段具体的时间——这段时间全然属于巴特以及他构思酝酿中的文章。而各式各样笔下灵感的慢来缓至、涂抹修正、遗憾反悔，成了作家所背负的艰苦十字架，即便如此，这段时光并非悬置中断，而是有着明确的方向。一字一句地循序渐进，相对来说进步飞快，准确地说是按部就班。两种想法同时并存：一是我渴望研讨课的课堂时光以及这种写作准备过程的模糊不定感，可以无尽延伸；二是希望可以待在这位著作等身的大师、这位研讨课的主持人身边，一心一意完成各项计划。在舞动中书写？也许吧……这么说也许更踏实：在书写中书写。但这就表示我必须脱离幻想，跟酒吧和聚会说再见，挥别已逝时光的欢快，转身站到劳动法则底下，进入它的秩序规范中。

工作室

　　艾瑞克·马蒂（Éric Marty）正坐在巴特书房里的

一架斜面小桌台前，帮老师草拟来信的回复内容。艾瑞克瞬间就被书房空间的配置所迷住："一眼望去都是工作所需的'地貌风景'，通风良好，简洁分明，效用十足，优雅美观。**写作即真实**，当我看着他以一名画家的精准姿势，平静自在地开始着手眼前的写作工序时，想到的就是这句话。巴特并不是在写字，而是在勾画、润色、抄录。他笔下的蓝墨水为空白的纸张填上了色彩，他把纸张在文件匣里分类排好，或把它们整整齐齐地堆成一摞一摞；他裁割、删改，在字句前后来来回回，然后重新落笔、勾描、剪剪贴贴、把纸片夹起来。他细心观察，凝神注视，在房间里走来走去。"[1] 我第一次打电话给巴特时在脑中想象的思考密室，原来是一间工作室。在书写中书写，就是进入真正动笔书写的状态，再者，对于像我这样正在撰写论文的学生而言，所谓的写作，就是动笔写下论文开头最初的几个字。

某一天中午时分，我在圣许毕斯广场（place Saint-Sulpice）边的市政咖啡馆（Café de la Mairie）门口碰到巴特——那时我已经停滞在某种"贵族享乐"状态好一阵子，但我终于下定决心全力投入论文写作。

1　Éric Marty, *Roland Barthes. Le métier d'écrire*, *op.cit.*, p.27.

"我开始写论文了，"我一脸开心地对他说。他微笑以对："啊，是吗？题目是什么？"我答："当然是萨德啊，不然呢！"巴特把我的论文主题忘得一干二净了。但话又说回来，论文本来就该是我自己的事。

写论文这件事，就是利用体制的规定，逼迫自己摆脱闲逸懒散却乐在其中的生活状态，但又从焦虑深渊的悬崖边缘擦掠而过；也就是跳出"不事生产的作家"的虚妄乌托邦。而对于这件苦差事，巴特帮不上忙。审读论文对他来说是一件疲惫不堪的麻烦事。（他对学生作品不闻不问的程度还不只如此，甚至扩及所有**请求**他审读的文章。巴特自己就表明过这种态度。）而且我们非常肯定，一位博士候选人的论文，大多是为了获得学位文凭而写，而非为了写出具有文字魅力的文章。想"钓到"读者，对博士生来说不成问题；他很有把握，有指导教授当靠山，他的论文至少会有"一名"读者。这看起来似乎少得可怜，却又助益匪浅——如果指导教授凭借声名、力挺到底的话。将学生与论文导师紧密连结的那股命运之力，牵涉到某种双方必须共同分担的惩罚（*pensum* partagé），当然啦，最重要的那一部分还是得落回学生自己头上。巴特回避了这项"惩罚式"的过程。他尽可能站得远远的，不太出主意，在参考书目、论文架构、文本素材的范畴等方面极度忽略（我们可以从他在某一场论文口试散场后发表的这句评论，看出他对论文写作既定套路的厌斥反感："先生，您这份五百多页的大部头论文，还真不是小菜一碟，但这倒提醒了一件事——我们并不是一个可以发明俳句的文明。"）不仅如此，巴特对于在每个环节无微不至、充斥技巧建议的研究法［传授**创意写作**（*creative writing*）的教师所使用的方法］，完完全全地陌生无感。在研讨课内部，角色的分配是稳定不变的，他们选择通过反常倒错的倾向与不知其所以然的阻碍，纠缠着萦绕在写作行为周边的虚幻边栏。关于"迈出步伐"这件事，巴特身为论文指导老师，他的缄默与有所保留的态度，正好能够引导你去相信写作历程中的孤寂感——以及毫无来由的写作状态。他表现出来的退缩回避，其实颇令人信服。事实上，巴特只会针对论文工作中进行顺利、不必担心考试结果的部分做出回应，他选择站在"旁敲侧击"的位置。如此一来便精炼出一个更加珍贵的想法，也就是在边缘之外（却依然处在由话语以及教师评语所构成的舒适安逸中），开展出一块寂静无声的地带：若以普鲁斯特式的意象来说，那是一处必须缓慢、费力去解读的空间，它来自我们携于己身的内在之书。

巴特的教导是一种间接的熏陶，一种无须诉诸评论的智慧。

一种"旁敲侧击"的真理。

有一回，巴特在课间讲述了这则故事——一名和尚追问赵州禅师："真理独一无二的最终解答是什么？"禅师答道："是。"禅师用副词"是"与代名词"什么"作为对比，这是一个"旁敲侧击"的答复。

六月的某一天，天气很热，我心情很好，一大早还没穿袜子就想出去走走。窗户开着，啾啾鸟鸣传入耳中。我心里暗忖，这些鸟儿是否是从卢森堡公园散步飞跳到高等研究应用学院的树丛间，或是它们已在此长期定居，一代又一代，向我们失聪的双耳，唱出鸟类的惯语秘言。

第五章

-

我的日记选摘

R Barths

罗兰·巴特认为记述梦境是很无趣的，他甚至认为没有梦境书写。尤其是在母亲过世之后，逝去的挚爱之人短暂且残忍地现身梦中，他自己甚至宁愿服用安眠药进入昏沉，毫无记忆地入睡。相对于不连续的、向各种方向延伸的、令人着迷的梦境，他选择了明确且精雕细琢的幻想，我们对于这份奇想在某种程度上还是能够掌控的。我个人喜欢做梦，而且对于聆听别人谈及梦境、阅读他们在报纸上或小说里描写梦境，从来不感到无聊。早晨做的梦，是我当天最早的探索发现。有时候我会把梦记录下来，或是留在脑海里，这些斑斓的记忆能为日常"合理的"事件增添一些缤纷色彩。1975年至1976年间，应该与我难以断除长久以来的学生身份有关，我留着一份日记，里头断断续续地记录了许多个梦。我想公开日记的其中几页，梦里有巴特出现……以及一个奇想，想象有一道命令要求博士生在其论文写作研究的文本之外，还得加上梦境书写，使得有些人的论文分量倍增，或是备受干扰，或是获得写作灵感。这将有助于为这一种被我们定义成犯了抽象罪、逻辑迷恋罪、精神分裂罪的话语——这个"我们"或"人们"，我们无从得知是谁在"他们"之间说话——锚定在如梦之书卷中，或说如梦之存在中。

当时，我在那本雅典买的漂亮棕皮精装日记上每写一行就空一行……

1976年1月14日

愿得恩典，行事容易。（死亡与诱惑。）

光洒薄雾的一个夏末与一群朋友出游，遇到拉康。他与我相约开学时巴黎见，一起晚餐。就这样。因为他喜欢我。在同一个机缘之下，被看见，被选择。我去到他家。依然事事容易：我的姿态，我的言语。我生病了，尤其是嘴唇周围。我显得苍白，人家让我留宿。拉康来看我。他提议应该去医院。

1 月 20 日

法文作文课。巴特把题目朗读出来，题目有四到五行。我看着这几行字，读了又读，总觉得漏掉了什么。我连续写了好几张卷纸，觉得自己没办法再继续写下去了。每次我一这么想，后来都证实预感正确。时间截止前四十五分钟，灵光一闪。我终于明白问题出在哪了：荧幕效果，毫无深度。我暗忖，如果写得快，毫不犹豫，应该可以及时写完。我写道："某天，为了打发时间（之后我加了'帮助'打发时间），在某机场……（我一边找印度的某个城市名字）我用证件自拍机拍了张相片……"我把相片贴在我的卷纸上。

——的确，我看起来很印度。背景留白。我试着在相片上写字，先是用铅笔，后来用墨笔。字迹逐渐消失。

1 月 27 日

梦中的超大空间。

有个"自由""非线性"的会议，无外部命令要求。我穿过好几个空房间后抵达会议室。有工人，有学生。卡夫卡的氛围（《审判》）。

"然后"我观赏一场赛车。噪音，混乱。车子四处暴冲乱转，混乱至极。有个朋友跟我提到罗兰·巴特，他说，我跟他很熟……"然后"巴特自己要我帮他想个 N 开头的名字，以表示后继无人。我说空无（Néant），乌有（Nullité），虚无（Nihilité）……这不是我要的。最后，我想到了：午夜（la Nuit）。

1 月 30 日

巴特的研讨课。回应**我爱你**。

受虐狂的理智。"被爱对象"的地狱。

施虐者的粗暴。不协调。

下一个夜：冒险的梦。

（再次）犹豫想飞：我犹豫着要穿哪件泳装。黑色比基尼，简洁的三角形，用绳子系着。一种闪着微光的黑，天鹅绒感（比其他件都贵），还有些海绵绒的泳装。我仔细地看了它们的标价，现在都忘了。

1 月 31 日

起床时，见雪花柔软，

光辉与雾凇深处的黄水仙。

白色幻想中的黑色侧影，

傍晚五点，于卢森堡公园。

2月6日

萨德式热情。

阅读萨德。萨德式的热情。某种非主流事物，人们鼓励、增强、教导它的"软弱"、荒谬怪奇、不可置信。正因此未进入任何硕士论文。

2月8日

写了四个小时。有些连结，但都不甚深入。我甚至不知道该从何着手。这个假问题就是我现在的状况。

2月24日

早晨的梦：我给巴特看一堆沿墙摆放的罐头，请他好好观赏苗圃。他似乎信了！他总是这么温柔有礼！

5月29日

认识帕蒂·史密斯（Patti Smith）。她是女人骄傲不逊的唯一美丽代表。

5 月 30 日

"找工作"的焦虑，已经变成了我噩梦的根源，仿佛一个诅咒，觉得人生整个停滞了。有效阻断大概就是这么运作的吧。

6 月 6 日

重读《文字之眼》（*L'œil de la lettre*）。浏览着文字，却没读进去。

在我桌上，弗龙（Jean-Michel Folon）的书《旅行》（*Le Voyage*）前方，有盆兰花，是 C 从马代尔（Madère）带来给我的。

莱昂纳德·柯恩（Leonard Cohen）现身奥林匹亚音乐厅，用他的歌声诉说《切尔西酒店》（Chelsea Hotel）。

在街上另一头的母亲高喊着："啊！我不想听到尖叫声，嗯！越是优雅高尚，越不会尖叫。"

6 月 8 日

梦：我在格兰登饭店散步，裸身，手挽着一个优秀又自傲的残疾人士（埃里克·冯·斯特劳亨那款的）；规律地，以一种美妙的温柔和缓慢的速度，他支撑不住而瘫软。每一次，我都从容地努力试着扶他。他的脸靠我很近。我喜欢他的微笑，他对我说：我诱惑了你。我觉得幸福快乐又得意。

6月10日

我的论文答辩：同时身为孤儿、学界人士，听着詹尼斯·乔普林（Janis Joplin）的歌声。这就是问题所在。

6月12日

论文答辩。

听着巴特谈及我们的默契，非常感动。

他点出我博士论文里的起起伏伏／阅读时的高低凸隙。

阅读的此起彼伏（因为这份研究的问题就是阅读）。没有结果。

茱丽叶的叙述—舞蹈课—欲求／需求。

理性的姿态—梵蒂冈博物馆。

说服的热情—符合文法的人。戏剧（于此：一种结果。一篇博论。）

萨德的作品里都写贵妇人，唯一的年轻女子是茱丽叶。没有年轻男子，只有年纪大的男性放荡者。

于贝尔·达米施（Hubert Damisch）

男性放荡者的问题。那么女性放荡者的呢？

性别差异不是非常明确。那么女性阅读呢？

茱莉亚·克里斯蒂娃（Julia Kristeva）

作为女人，

与书写关系的倒错。

女人可以从阅读萨德作品中得到什么样的乐趣？

淫秽色情的乐趣？

发明其他事物：从克莱威尔（Clairwil）到杜杭（Durand），中间是什么都可能发生的。

女人：一个未到来的概念，空的。只是个被压抑的概念。尚未构思（代替早先的、永恒的未知）。

巴特面对性别差异化议题时的沉默。

对我来说，意义是：深入放荡主义者的哲学问题。

萨德的信徒不以男／女来区分。

6 月 24 日

出发前往纽约[1]。

1977 年 2 月 15 日，纽约

梦：罗兰·巴特，轻盈、洁白、棉絮般。他走上石头砌成或者用土烧成的台阶。似乎是一个在回程路上的场景，轻柔甜美地飘荡着。

---

1 《东方乡村蓝调》（*East Village Blues*，2019）所记录的那次启程。它将述说接下来的故事……

第六章

-

对象—时尚

R Barths

面对开放、排列整齐的 A 集合，B 集合显得部分
地纯净；

其实，它们并不知道所指的"物化"命名，

而"流行"在它们身上保有了一种"外延"的
价值。

———《流行体系》

罗兰·巴特被严重的结核病断断续续地纠缠，无
缘参与各项考试、进入传统的大学体系就读。于是他
立马想要完成一部博士论文，并成为国家科学研究中
心（Centre National de Recherches Scientifiques）的一员。

论文对他而言并非一种保守畏缩的写作手段，而是为了获得一份工作，让他有大量时间进行自己的研究。虽然巴特日后成为一位介入甚少的论文导师，但他可是早就掌握了这项撰写复杂文书报告的写作实践。在1947年到1954年间，他锁定了好几项论文主题，例如：《米什莱的政治思想》(*La Pensée politique de Michelet*)（指导教授勒内·潘达［René Pintard］）；以及在1951年由乔治·玛多黑（Georges Matoré）与夏尔·布里诺（Charles Bruneau）所共同指导、显然更加枯燥的题目：《1827至1834年间，国家、雇主与工人三方关系之用语——以立法、行政与学术文献为例》(*Le Vocabulaire des rapports entre l'État, les patrons et les ouvriers de 1827 à 1834, d'après les textes législatifs, administratifs et académiques*)。巴特的传记作者蒂费娜·萨莫瓦约（Tiphaine Samoyault）写道："次年（1952年），巴特时常前往位于黎希留街（rue de Richelieu）的法国国家图书馆，汇整关于19世纪工人史的相关作品。巴特现存的文献保留了他当年勤奋研读的痕迹。［……］他把笔记写在粉色的薄页纸或分成四栏的黄纸上。笔记上方大多写着作者的名字，左侧会记下日期。页面下方则可能标注国家图书馆的书目编号。"[1] 最后，在 1954 年，他放弃了这件苦差事，转而开始研究"时尚"这个题目，他在乔治·弗里德曼（Georges Friedmann）社会学实验所的时候，就提出过这项符号学的研究主题，其成果就是《流行体系》（*Système de la Mode*）这本书："1959 年到 1963 年的每年夏天，巴特都在潜心撰写这本书。1963 年 8 月 25 日，他在于尔特为该书的写作画下句点：'《流行体系》完稿（只剩下回巴黎整理参考书目的工作）'。"[2]

《流行体系》于 1967 年出版，却被作者自己定位为"过时"之作。在该书前言中可以读到一句话："本书于 1957 年开始撰写，于 1963 年完成。"[3] 这样算来，写书前后长达十年？我们可以料到，写作工程难免断断续续，而且巴特还分析了一些女性刊物：《她》（*Elle*）、《时尚花园》（*Jardins des Modes*）、《时尚》（*Vogue*）、《时尚回声》（*Écho de la Mode*）。十年已经足够让一些流行变成过时。但当巴特宣称自己的书已然过气的时候，心中所困扰的并非此事。他挂念的不是"对象—时尚"（他锁

1　Tiphaine Samoyault, *Roland Barthes*, Seuil, 2015, p.239.

2　*Ibid.*, p.360.

3　*Système de la Mode*, *OC*, tome II, p.897.

定 1958 年、1959 年的报刊杂志作为素材），而是如何从中开发出一套体系，足以顺应概念的流动。他选择了一个流于形式的观点。而在《流行体系》出版后的一些相关访谈中，他不断重申这一点，以避免所有对该计划真实用意的误解，或许同时也能让因为"热爱时尚"而买书的读者不致失望（他们着重的是流行时尚的闪亮耀眼，以及其节庆宴乐、耽于声色、一掷千金的夺目光彩）。

若想把这本书从开始读到最后，就必须披盔戴甲，顽强以赴，在图表、分类、次分类的密林中，踏出一条活路——它们有如带刺的铁丝网，阻断了阅读之乐。不过，如果觉得这本书对它的作者来说纯粹只是痛苦的写作演练，那可就错了。巴特在其中找到了自得其乐的理由，主要就是其细入毫芒的结构式体系设定，以及在设计体系时匠心巧手的修整补强。再者，此书还暗中连通了一个女性化的世界，里头充满了刺绣、针织等描写。一个奇幻丛生的世界，巴特满心喜悦，戴上面具向前迈进……虽然所有的研究主题确实允许另一面的想象存在，但在巴特眼中，时尚刊物可不只是无足轻重的载体（这个问题显然还是没有答案）。而这并不是巴特提供给我们的东西。《流行体系》表面上看起来封闭在一个普鲁斯特式描写的声色肉感中，例如："斯万太太完全没出门那几天，会穿着绉纱睡袍，颜色洁白如初雪，有时则披着有长褶的薄蚕丝，看起来就像是一身的粉红色或白色花瓣，并不怎么适合冬天，很不搭。由于这些布料质地轻盈，颜色柔和——在门帘紧闭的客厅房间闷热环境下，当代的上流社会小说家能想到最为优雅的说法是'稳妥舒适'（capitonné）——给女人一种春寒料峭的感觉，即便在冬天，也像她身旁的玫瑰，光裸而红润。"[1]

《流行体系》可没让我们有机会轻抚布料、花瓣与肌肤。全书从头到尾出现的形象只有重重无尽的图表，而那些符号学的方形矩阵一点也不"稳妥舒适"。巴特的目标是通过对流行服饰的描述（将实体服装转换成语言符号），重建一套意义系统。这正是巴特符号学探索的巅峰时期，他兴高采烈地挖掘了瑞士语言学家索绪尔（Ferdinand de Saussure）的语言学世界，一心想展现他的科学精神："我的这本书是一段行程，一趟坚毅不拔的旅行，几乎过度谨慎［……］这段行程并非以个人旅行的面貌呈现，而是如同一套文法，一种描述，关乎不同的意义层次、各种单位，以及这些单位的结合规范。总之，

---

1 Marcel Proust, À *la recherche du temps perdu*, tome I, édition P. Clarac et A. Ferré, Gallimard, "Bibliothèque de la Pléiade", 1973, p.595.

有如某种'描述'的句法。"[1] 为了打造这套句法，为了通往严密的抽象概念体系，巴特首先必须放弃对真实衣衫的研究（这么说太简便行事了：巴特认为，衣服的符码跟交通标志一样复杂），接着他还得放弃对报刊杂志上所宣传的流行服饰的研究（这又太复杂了：其表现方式太不一致，从图片、相片到文字都有）。所以他只把分析范围限定在文字上（"真是蹩脚的文学"），并以科学精神检视之。当巴特之后撰写《文之悦》的时候，将会以下列的兰波（Arthur Rimbaud）诗句来说明这种科学态度：

> 耐心面对科学，
>
> 折磨必定到来。

马拉美，别名萨丹小姐、玛格丽特·德·庞帝、纪纪……

《流行体系》（有如"酷刑之庭"的"时尚花园"）所带来的折磨更加深切，使巴特和他的研究对象变成

1　"Sur le *Système de la Mode* et l'analyse structurale des récits", entretien avec R. Bellour, *OC*, tome II, p.1298.

局部的冤家关系。这股敌意源自几种动机。它是针对消费社会以及我们日常生活意识形态异化的一种批判方法——这套方法始于《神话修辞术》(*Mythologies*) 一书。从个人观点来看，这份敌意被引导为拒绝推销新事物的力量，有如欲望与购买力的机械式论述。流行应该与时俱进。它永远只能是"最新的流行"[在此且引用《最新的流行，世界与家庭报》(*La Dernière Mode*, *Gazette du Monde et de la Famille*) 这份报刊的标题，马拉美 (Mallarmé) 于 1844 年 9 月至 12 月间，独立编撰这份报纸，并使用了数个不同的化名，诸如萨丹小姐 (Miss Satin)、玛格丽特·德·庞帝 (Marguerite de Ponty)、纪纪 (Zizy)]。每一次最新的流行，都必须是对前一波流行的否定。"一切的新流行都拒绝继承过去。"[1] 流行通过自身的"背弃不忠"才得以成立。这个迅疾飞快、连绵不休的时尚"命令"，呼应了一种对过去的铭刻与对未来的预测都同样无动于衷的时间感受。流行时髦所带来的享乐仅停留于表面。它是遗忘的凯旋胜利。一种自动发生的遗忘，因接连不断的抹掉、忘却而产生作用，与尼采所赞颂的"生命弹力"(rebond vital) 毫无共通之

1　*Système de la Mode*, *OC*, tome II, p.1170.

处。在流行时尚的精神中，可以发现一种短视近利的无忧无虑，一种维持不变的粗心草率。流行每回总是表露出纯粹的新意，总是想作为惊喜登场。证明流行就是一套体系，且其创新来源相当受限，就是回过头来以自由活动取代想象，以混乱无序取代激动狂热，以"凡事皆有可能"代替兴奋得意，以组合联集代替排列游戏。流行自诩为"变动"本身的具象化（也就是从来不会维持原样的事物、不会重复出现的事物）。纯粹的幻觉，短浅的目光！必须相信巴特。流行之所以是流行，是因为人们会以谨小慎微的回顾眼光，在日常时间安排的节奏中欣赏它。一切取决于观察的高度。"如果你把自己放入四十年、乃至五十年的时间框架中，而非只用短短几年的时间去观察，你会发现有些现象十分规律［……］时尚风潮的变换节奏不但规律［……］它还倾向于在理性的秩序感中，让各种形式循环轮替。"巴特继续补充："而且，正常来说，如果流行时尚的变化节奏维持规律，那么从今日起，短裙应该渐渐变长，随着一季一季的变化而有不同的穿搭。我们不得不假设，到了 2020 年或 2025 年，短裙应该会再度修长过膝。"[1] 上述所引

1　"Le *Système de la Mode*", entretien avec C. Delanghe, *OC*, tome II, p.1315-1316.

是 1967 年 6 月的访谈片段：当时引领风骚的是英伦风的超短迷你裙，还有裤腿宽大、俗称"喇叭裤"（pattes d'éléphant）的长裤。也因此，巴特认为没有"绝对"的新潮；再说，新潮也并非不可抗拒。

《流行体系》的作者曾经表示，他对流行时尚并无偏爱。他所重视的，唯有体系。不过，随着时光流逝，体系反而落伍过气了，反倒是流行文化从来不曾促成如此多人立志投入，一时才俊辈出。时尚的产物令大众沉迷，主要是因为它们脆弱不堪、转瞬即逝，在朝露苦短的人类生命中有扎根定锚的效果，不必世世代代穿越横跨。流行时尚的这股力量逃不过巴特的法眼，而他亦自知这项写作计划的矛盾之处：将如此滴水不漏的严谨方法，刻意运用在微不足道的题材上。"我在写这本书的时候，似乎一直试图运用科学逻辑建立某种游戏机制，一种隐而不显的拟仿。"[1] 这种幽默自己一把的态度，在巴特将《流行体系》和某项诗文写作计划相提并论的时候更趋明显（该计划类似马拉美的《最新的流行》）。两者的目标都是要提供读者一种以"空无一物"或"少许

---

1 "Sur le *Système de la Mode* et l'analyse structurale des récits"，entretien avec R. Bellour，*OC*，tome II，p.1303-1304.

材料"打造出来的事物。这项研究的真实样貌、严谨风格与厚实分量，必须以一种与时髦衣着的轻盈感成反比的关系来解读，有如一座为了向优雅致敬而打造出来的殿堂。"[……]马拉美这个人所完成的，完全就是我曾经想重新修正的事情。由他亲自编撰的报刊《最新的流行》，自根本上就是一段展现个人风格的、热情满怀的变奏，它所针对的主题是空幻，是虚无，是马拉美口中的'小玩意儿'（bibelot）。"[1]为缓解诗人盛名所带来的写作压力，也为了经济上的考量，马拉美从未撇清他与该时尚刊物的关系。大大相反，他肯定了这本刊物持续不断的吸引力："我尝试独立编写这些关于梳妆、珠宝、剧场乃至于晚餐菜单的描述，而当我把《最新的流行》已出版过的八期或十期刊物上的灰尘抖掉、重新拾起的时候，它们依然让我流连忘返，不忍释卷。"读者亦有同感，翻阅《最新的流行》，我们不禁边读边陷入美梦……比如**宴席的打扮**："黑色丝绒裙。白色天然羊毛镶边长衣。黑色丝绒巴斯克贴身裙，镶有日式环扣"；再来是**作客的打扮**："深紫红罗缎，色调一致的斜裁丝绒边。同色绗缝花纹双层长衣：纵向丝绒边

1　"Entretien autour d'un poème scientifique", entretien avec L. Colombourg, *OC*, tome II, p.1320.

大斜布；长衣底部缀有鸡毛制成的边带"；抑或是"**接待的打扮**"："俄式灰缎；同色的丝绒胸甲配上铁制亮片。"[1] 因为时尚象征了"现在"，于是它也构成了对"过去"难以取代的见证。

这种对细节执迷的拜物教式欢愉，对羊毛的白净、塔夫绸的织物波纹、褶布的柔巧细致的敏感体察，也在《流行体系》书中自行发挥作用。它并不是在文本上发酵，而是通过从报刊上摘录下来、置于章首的引言来体现："超过腰身尺寸的皮制腰带，上头缝缀玫瑰图样，绑在柔韧的设得兰羊毛长袍上"[2]，或是"在多维尔的节日午宴，穿上绵软的无袖胸衣"[3]，或者是"薄纱、硬纱、头巾、平纹棉织品，夏天到了"[4]。我读着这些文字，想象巴特在选择与剪切这些资料的时候，必定兴奋无比，就像我还是小女孩的时候，会花整个下午的时间裁切捏塑造型时髦的小陶偶，或是在硬纸板上为洋娃娃剪出合身的衣服。这真是美妙的时光，我全神贯注投入这份讲

---

1 Stéphane Mallarmé, *La Dernière Mode*, Ramsay, 1978.

2 *Système de la Mode*, *OC*, tome II, p.903.

3 *Ibid.*, p.920.

4 *Ibid.*, p.998.

求细心与细节的劳作当中。人在其中会被反映完美的这份意象深深迷倒，含情脉脉地追随意象的轮廓而去。

在马拉美之后，巴特也开始关注流行当中的"空"，因为他所使用的是诉说美丽的语言。他也毫不暧昧地肯定了这件事："流行本身也是一种艺术，足以与文学、绘画、音乐相提并论。"巴特曾经写过关于时尚插画家、戏剧布景师艾尔特（Erté）的文章，他特别点出艾尔特的创作天才，并分析这位艺术家如何创造出足以象征其人风格的"女人—服装"（Femme-Vêtement）："由艾尔特绘制的人物轮廓达到了该类风格所能达致的极限（不画草稿，不用铅笔打底图，但最终成果依旧令人赞叹）：这些图像使人**喜爱有加**（我们还是想要拥有它们），而且从头到脚已然**清晰可辨**（其中都是精微细致的绝佳符号）。应该说它们反映了一个身体与服装之间的崭新关连。"[1] 让巴特乐在其中的，他通过艾尔特的曲折线条艺术想要捍卫的，是仰赖装饰打扮而存在的身体存有，它不该被外在的装饰抹除殆尽——这副躯体的作用只是衣物的陪衬，只是把衣服穿上身的人体模特。

1　"Erté ou À la lettre", *OC*, tome III, p.925.

以身体为名、以身体的暗沉为名、以身体的孤寂为名，巴特对于微小的流行人物形象或是与自身的意指（即穿在她们身上招摇炫示的服装）完全吻合的"封面女郎"，态度相当保留：并非"女人—服装"，而是"服装—女人"（Vêtement-Femme）。

巴特抗拒流行风潮的专横，希望让个体独一无二的风格得以胜出，如此一来，人人都可以"栖居"在服装中，使衣着装束化入己身，随心所欲地成为身体安适的模子。这是一种身心兼顾的安排配置，以身体记忆为基础，需要足够的时间转化熟成。巴特自己既无视于流行时髦的起伏流化，也遵循审慎保守的古典主义传统，在穿着打扮的选择上并不敷衍马虎。即便他排斥新潮，却非常在乎布料的材质、棉纱的精巧、毛衣的柔软、围巾的丝纹。他身上穿的衣服总散发出一股呵护感与轻柔劲——近乎肤质。衣着的色彩从不刺激强烈，毫无侵略感，通常都是灰蓝色系、湖水绿或粉彩色，融合了面容的苍白，凸显了双眼的湛蓝秋波。这组色彩造就了一种由微笑、语调、姿势与态度联手催化而成的谐和气场。

巴特对"过时"事物的眷恋之情，并非一种对流行时尚的宣战；他其实是在回应一项渴求，希望让时尚风潮的节奏更为弹性灵活，更富有连贯感：他在《香奈儿对决库尔热》（Le match Chanel-Courrèges）这篇文章中大力赞扬这点："香奈儿把'拒斥流行与时间'的那个东西，拿来打造成珍贵的质感［……］。'潮'（chic）是一个被升华的时间感，它也是香奈儿风格的核心价值。而库尔热的风格样式并无此般缠扰：清新饱满，色彩缤纷，白色主导所有视觉，绝对新潮［……］。"[1] 巴特并非在劝导我们远离时尚，而是建议我们，与其因为潮流之所趋而疯狂地追逐时尚，还不如让流行精神（与其他的艺术形式）融入我们的性格构成，融入性格的原动力与神秘感之中，甚至"跟这整套个人的历史融汇在一起——我们可能用了一个略显简单的字眼来称呼它，那就是：品味。"[2]

1　"Le match Chanel-Courrèges", *OC*, tome II, p.1246.

2　*Ibid.*, p.1248.

第七章

-

巴黎与西南方：两个端点

R Barths

说到底，唯有童年才是真正的家乡。

——《西南方之光》

刊于《人道报》(*L'Humanité*)，1977 年

罗兰·巴特曾经针对皮埃尔·洛蒂（Pierre Loti）把故事设定在伊斯坦布尔（Istamboul）的小说《阿齐亚德》(*Aziyadé*) 写过一段话："洛蒂总共体验过身居异乡的三种渐进阶段：旅行、客居、落地生根。"[1] 巴特自己对"身居异地"这件事可是怕得要命。他对出门旅行兴

1　*Nouveaux essais critiques*，*OC*，tome IV，p.116-117.

趣不大。"发现探索"与"迷途漂泊",都算不上他立身于世的理想状态。对巴特来说,"单纯路过"毫无乐趣可言。他是"居民""客居者"的最佳模板,介于旅行(游荡不定的状态)与落地生根(放逐者身份)之间的居中地带,有如"一名旅人**不断重申**想要留下来的意愿〔……〕**客居**状态有其自身的实体内涵:它创造了暂时安居的国度〔……〕成了主体可以**一头栽入**的生活环境:也就是隐居、藏匿、溜逃、中毒、化散、消失、暂离,为了违背自身意愿之事从容赴死"[1]。若要使一个国家可以入其眼、得其心,巴特就必须理解"不断重复"的原则。而在"身居异地"的渐进过程中,"客居"对巴特来说确实是最自在的状态,这一点从他在布加勒斯特(Bucarest)与亚历山大(Alexandrie)任职的岁月以及好几次在摩洛哥的过境可以看出来——当然还有去日本的那两次完美之旅。与刻板成见及冷漠无情所引发的那种机械式的、令人厌恶透顶的单调重复相反,在巴特身上有一种美好的重复行为,那是在温和柔雅中通往知识与占有的一条道路。

1　*Nouveaux essais critiques*, *OC*, tome IV, p.117.

巴特在纽约的时候——虽然纽约是一座他非常喜欢的城市——并未流露对新鲜、初见事物的好奇心。发表完那场关于普鲁斯特的演讲后（我前面提过，这场演讲举行在 1978 年秋天），他在纽约和一些熟朋友重逢了，其中大部分是他从前在高等研究应用学院研讨课的学生。我们去了一间位于唐人街的餐厅，席间所谈的一切——谈话主题，聊到的人、书与电影，耍幽默的方式，牵系众人的诚挚友情——完全一模一样，好似我们从未离开巴黎。若真要说巴特还算喜欢这一夜的聚会，那绝对是因为它重现了一种熟悉到家的空间氛围，也驱散了出远门的断裂感。这种断裂所引起的焦虑不适，使巴特不得不面对一批新面孔与一个新的外语环境（在这趟纽约行期间，他一直想重建某种延续感，一路寻找他多年前在那买过一件防雨大衣的店家，却苦寻不着，店面已不在。他对此感到相当失望）。

甚至是在巴黎，他也尽量不离自家太远（活动范围仅限于卢森堡公园、圣叙尔皮斯、圣日耳曼德佩之间的地带）。巴特在日记里写道，有一回，他要去一位住在第二区的朋友家吃晚餐，最终却被迫在右岸一带四处探险，犹如一场行军远征，把他累个半死。正如所有的异国情调，这种必须踏入异邦的行动，只会令他厌烦——缺了那么一点风味。然而，若将此等态度视为某类附庸风雅之举，那可就错了。它反而为我们揭示了巴特处理焦虑的方法，透露出他内心系统与情感类型中的某样东西。他每天的行程与活动都保持同样的节奏，路线固定，动机预设，与人会面的地点总是一成不变。对这位结构主义大师而言，巴黎是一个细细划分、方方正正、按区排列的世界，其中毫无随机巧合的成分（这与超现实主义者眼中的巴黎正好相反）。这门空间切割的艺术，对时间的划分也极其有效。巴特有一种习惯：他会严格安排白天作息，把时间分成一块一块，甚至连夜晚时段也不例外。生活中如此考虑周全、重复再三的时间运用，对于他身为知识分子与作家的工作，肯定能带来安神定心、灵感泉涌的助益。是的，此法适用于巴特的巴黎生活，那在他度假的时候呢？夏天放暑假时又该怎么办？

这么问是因为，巴特有两座地盘，他生活在两个端点之间——巴黎与法国西南部，后者是他的"家乡"："我把西南部视为我'真正的家乡'，那是我父亲的家庭生长的地方，是我童年的故乡，少年时度假的乐土。我至今仍时常回去走走，虽然双亲与旧日故友皆已不在。"[1] 更准确地说，就是指位于巴约纳（Bayonne）附近的小镇于尔特（Urt）。从一城到一镇，两者之间有何关连？当我们了解到，对于巴特来说，这两座城市的相对性并不在于"首都"及"乡下"的差别，而是"住在公寓"和"住在整座房子里"的差异，那么我们便能相信，两者间的差距实在微乎其微。而甚至当巴特宣称他在于尔特的房间完全复制了他巴黎书房的空间配置——一个写作工作室——，我们不禁认为，他的一切努力都是为了消除差异，正如他的旅行哲学。只是，为何他每次回到乡下都如此开心呢："在于尔特的晨之喜悦：阳光、房舍、玫瑰花、宁谧、音乐、咖啡、工作、平静的无欲生活、各种无打扰的时光……"[2] 这般喜悦难道只减轻了巴黎的日常负荷吗？还是它被一个更宽阔无尽、捉摸不定的天地所承接？巴特在一篇描写"西南方之光"的美妙文章里回答了这个问题，他说那道光"既庄严又微细，从不灰暗，从不低沉（即便日照曦微时），是一种充斥四方空间的光芒，并非以它赋予万物的色彩来彰

1　"Réponses", entretien avec J. Thibaudeau, *OC*, tome III, p.1024.

2　*Roland Barthes par Roland Barthes*, *OC*, tome IV, p.606.

显（像法国南部另一处的光线），而是通过它施加于大地之上美妙非凡、**适宜人居**的质量来展现。"[1] 这道光芒，这道伟大的西南方之光，所有讲求划分与归类的原则精神都无法框住它。它让一切诉诸占有的仪式再无用武之地。想在这处世界上定居立足，只需委身于它千变万化的美丽之中。

---

1 "La lumière du Sud-Ouest", *OC*, tome V, p.331.

第八章

-

巴特与米什莱: 互为对照的研究模式, 平行的渴慕

R Barths

在我写过的所有作品中，我最喜爱的其实是《米什莱自述》。

很矛盾的是，因为人们根本不去谈这本书……

这是我的欢愉之书。

——接受莲实重彦（Hasumi Shiguehiko）

访谈所言，1973 年

罗兰·巴特对 19 世纪法国史学家米什莱（Jules Michelet）的热情颇令人惊讶，因为巴特在知识面上的一切特质似乎都与后者有着天壤之别：一位是细心谨慎的符号学分析大师，另一位则是抒情浪漫的历史学家；

一位笔下风格优雅，另一位的笔法则哀婉动人、富感染力；一位对所有的教条规范与话语"傲慢"皆无动于衷，一位则是从不间断地通过历史的宏伟场景强推其世界观，有时甚至必须牺牲真理。这两人之间，究竟有何共通点？而巴特谈论米什莱的文章，显然建构了某种他自身作品的"私密之心"。

《米什莱自述》(*Michelet par lui-même*) 于 1954 年在瑟伊 (Seuil) 出版社"永恒的作家"(Écrivains de toujours) 系列中出版，无疑是巴特最少被阅读的书之———这本书不曾上演任何口头论战，也没有带动任何讨论的风潮，似乎从一开始就被遗忘之手紧紧抓牢——跟米什莱本人的作品落得同样下场。但是这本小书的作者对它视若珍宝，并未随着时间流逝而弃之不顾。这种偏爱与依恋从何而来？也许是因为米什莱使巴特间接回想起青春岁月的一个重要阶段。正如《符号帝国》会连动日本之行的欢快感，《米什莱自述》则与巴特的一段团体生活经验密不可分，它化散在友谊、情爱与阅读之间（身处死亡边缘，使这些关系越发紧绷），对于巴特来说，就是在疗养院的日子。

的确，在结核病复发、于学生疗养院（Sanatorium

des Étudiants）的第二段治疗期间（在伊泽尔省的圣-伊莱尔-勒图韦杜维），之后在瑞士莱森（Leysin）的亚历山大诊所（clinique Alexandre）中，巴特读了所有米什莱的作品——不必面对所谓"正常"生活的常见干扰。米什莱的文字里回荡着某种情欲，无关旅行，而是阅读的情欲感，一道智慧启示的持久光彩，以及这份启示传递给巴特的生存意志。他在一封写给他心上人罗伯特·大卫（Robert David）的信中写道："生命对我来说有一项意义：生命，值得好好活一次。现在，有一个目标，为了达到它，就必须努力。……首先得要一心求康复。然后，准备再度回归，例如，孜孜不倦地奋力工作，从脑中提炼出一些对你有用的东西。……像火车全速飙进般地狂读米什莱，卧床生活、以十倍的努力拼命阅读，无视旁人的冷眼，心中唯爱一人。"[1] 更广泛地来看，《米什莱自述》在巴特作品中是至关重要的一本书，不只是因为两人深层的"相近"特质：巴特与米什莱对于"女性—母亲"（femme-mère）的概念相同，皆将其视为历史整体控制的唯一例外：母亲属于自然的秩序。至于，针对"同等对应"（homologie）关系的体现——

1　Lettre citée par Tiphaine Samoyault, *op.cit.*，p.189.

也就是结构上的呼应——，若以著作出版的标准来衡量，最明显的例子就是采纳丹尼·侯许（Denis Roche）的建议、在 1975 年于同一家出版社的同一系列（"永恒的作家"）中出版的《罗兰·巴特论罗兰·巴特》。这套摆荡在文字及图像之间的自画像手法，在撰写《米什莱自述》时已开始萌芽酝酿了。

历史的重要性

巴特在法兰西学院符号学讲座教席的就职演说，就是以对米什莱的致敬作为开场白："我很高兴，因为，在这个地方，我得以找回我心爱的作家曾经留下的痕迹，其中有些人也许当下也在场，他们有的过去在此任教，有的现在仍在此执教：我首先要致敬的，当然就是米什莱，因为受他启发，我才能在知识生涯的初始阶段，就发现了历史在人类科学与书写力量中所占据的主导地位——只要知识愿意折衷妥协……" [1] 如此一种表态，显然违背了以下的诠释或指控：历史与结构主义

1　*Leçon*, *OC*, tome V, p.429.

的态度相互对立。巴特拒绝所有在解释型与还原型因果关系的规范之下对历史的运用。但是他捍卫了"犬儒"行为的自由，也就是根据其对我们阅读的唯一影响，根据它会复燃或熄灭，接受或拒绝历史论述干预的权利。

在这份致敬中，巴特所召唤的当然是身为历史学家的米什莱；还有化身为教学者及老师形象的米什莱。米什莱在巴特身上扮演了启发者与榜样的角色，这也与他终其一生对自身的教学工作（以及思考与热情的融合）所投注的兴趣密不可分。因为，虽然巴特在官方色彩浓厚的机构法兰西学院的大师讲座课以米什莱为参照，但他依然将更为边缘、脱离旧范（或规则不断遭受质疑）的教学实践经验，献给他的前辈米什莱——这是他先前在高等研究实践学院的研讨课上实验过的模式。

"教导别人**只会发生一次的事**，这种说法真是太矛盾了！教学不就是一直重复吗？然而，这就是老米什莱认为他做到的事：'我一直都很留意，不要永远只教我本来不会的东西……我传递这些事物，好似它们已经占据我的热情，新颖无比、生气蓬勃、魅力四射（且对我而言非常迷人），服膺于最初的爱情魔力之下。'"[1]

巴特的教学语言是他的一座写作实验室（相对地，他的文字也是他教学天赋的一部分）。这或许部分地解释了他在现代性中所占据的独特位置，以及他与难以言传事物的过招手法。巴特与文学先锋派维持着暧昧难解的关系，同时处在智慧、仰慕与诡计的标志之下。他捍卫这种现代性，并为之贡献了他最可靠、最广受采纳的理论论述之一，这也是他隔着一段遥远距离所分析的差异空间。从已然确立无疑的书写实体走向隐晦难解（或有时达到可破译之极限）的那一刻起，巴特的文本便非常清晰易读。他发展出来的口号（或"反口号"）是留给别人的。他为大家保留使用口号的特权。如此一来，他在《米什莱自述》中所从事的主题式批评，并不含任何意识形态的超我。他刻意使其在想象中登录在案。针对这点，巴特在《罗兰·巴特论罗兰·巴特》中写道："《米什莱自述》这本书，有许多地方他想重写，比如有关肉体、咖啡、血、龙舌兰、小麦等这类主题；我们如此建立一种主题性的批评，但这是为了在理论上不去违

1 "Au séminaire", *OC*, tome IV, p.509.

抗另一个学派——历史的、传记的，等等——因为幻想太过个人化，不能拿出来讨论争议；我们宣称这只是一种**前—批评**（pré-critique），至于'真正的'批评（他人的批评），得晚一点才会出现。"[1]

在这个与现代性轻微脱钩的状态中，巴特更深刻、隐约地辨认出一条历史的轨迹（通过长年折磨他的结核病，以及他对"年轻布尔乔亚女子不切实际的消遣"、钢琴、水彩画等喜好），借由这条轨迹，巴特接通了 19 世纪，觉得自己与米什莱活在同一个时代。

新　生

巴特喜欢的是米什莱对于时间以及"时间的遗忘"的概念。因为"旧米什莱"在"认识新的事物"方面，也对巴特带来不小影响；前者并非偏执地钻研过去，贪婪地吮吸"逝者的黑血"，而是身负遗忘之力。同样地，在巴特眼中，米什莱是知道如何传授"只会发生一次的事"的人，他也是懂得如何体验"只会发生一次的事"

1　*Roland Barthes par Roland Barthes*，*OC*，tome IV，p.746.

的人。巴特《课程讲义》(*Leçon*) 就是以对米什莱的献语，作为最后的心愿："米什莱在五十一岁时，开始了他的新生 (*vita nuova*) 阶段：出版新作，谈了一段新的感情。我现在也到了比他当时年长的阶段了（可以理解这种类比出自一份仰慕之情），我也进入了我的新生期。今天，在这新的地方，接受使人焕然一新的款待，为我的新生命记下一笔。于是，我便试图纵身跃入一切奔放的生命力量，那就是：'遗忘过去'。"[1]

米什莱在巴特的作品及生命的不同阶段伴随着他，最终成为一位"在场"的角色，强化了"当下"在其他时间性 (temporalité) 之中的根本地位。在这方面，米什莱跻身于巴特所钟爱的、为数众多的悖论形式之中。（巴特写道："[这些形式]自有一套逻辑的运算系统，例如**其实**这个表达法。"[2]）米什莱并非一位添香抹粉、美化过去的人 (embaumeur du passé)：**其实**，他了解到生活只能是新的，他教导我们"懂得重生之道"的必要性。他的史家嗅觉支持了这项矛盾。

1　*Leçon*，*OC*，tome V，p.446.

2　*Roland Barthes par Roland Barthes*，*OC*，tome IV，p.660.

工作模式

米什莱梳理历史的方法论或方式，乃是贯串巴特研究生涯的核心线索。在米什莱的作品中，他首先对自己所假设的力量和顽固性（也就是对作品有形的、富生理机能的材料）相当敏感——这种方式，使一切的障碍或阻拦都可翻转为力量的提升。罗伯特·布列松（Robert Bresson）回忆起自己身为电影制片人的经验时说道："在这些个昏天黑地的日子里，我非常讨厌拍片，累到虚脱，面对排山倒海而来的阻碍，感到无能为力。但这却是我其中一种工作方法。"对米什莱来说，负面时刻都让给了一种明确的不适：偏头痛（migraine）。

"米什莱患的病是偏头痛，是晕眩与恶心的结合。对他而言，一切都是偏头痛：寒冷、风暴、春天、风、他所讲述的历史。……这一切，与一般常见的不适感——恶心呕吐——有所区别。它打造出一具衰颓病躯，成为任凭最危险力量霸占的寄生之所。实际上，这种'脱线的'生理状态如此完整地呈现，只是为了承受最残酷的约束，即'工作'的约束。这个人，从未有一刻能够摆脱身体所有潜在的溃散威胁（实际上是一辈子），却被疯魔般的工作狂热所支配。行程安排（严厉苛刻）、工作成果（幅度广泛），甚至自私自我（他因此抛弃了第一任妻子，弃垂死的儿子于不顾）。这一切，所言非虚。但是，这项艰苦卓绝的工作（在信息处理、学识累积和出版写作方面），受到几近修道院苦行的规范所约束，仍持续保持先知预言的集中力道。在形式上机构化，时时刻刻都更接近一场悲剧。

这就是那些偏头痛症状要向米什莱所示现的：创造作为一种负责任的选择。"[1]

"偏头痛—工作"这组概念在《罗兰·巴特自述》书中再度出现，这次则是用在巴特自己身上："我总是习惯把**头痛**说成**偏头痛**（也许是因为这个字眼比较美吧）[……]也许偏头痛是一种反常现象？每当我头痛的时候，就感觉仿佛被一种偏差的欲望所盘踞，仿佛我只对我身体上的一个点产生恋物之情：**在我的脑袋里**，

1　*Michelet*, *OC*, tome I, p.301-302.

我和工作的关系难道一定非得陷入不幸／热爱之中不可吗？一定得要分成两半，既热爱又害怕我的工作吗？"[1] 巴特的（假）偏头痛稍稍不同，他的痛感没有米什莱的那么强。它很轻微，选定一个受分裂所苦的身体（而非急性的苦痛）——一具死气沉沉的身体。米什莱的痛苦则幻象丛集，深具毁灭力量，（挟着狂热）反映出一个完全与他的作品混淆的主题；对他而言，肉身之苦是再次思考整体人类命运的一种方式。米什莱式的偏头痛深具启发价值。它是一种支配力与戏剧感，让米什莱对两类人表示同情，根据他的看法，这两类人最有能力受苦（而且正因如此，他们构成了历史的灵魂）：女人和人民。

强调"巴特式头痛"和"米什莱式偏头痛"之间的差异，不该掩蔽他们的根本共同点，即一种对脑力工作者的器官在感觉上（与感官上）的夸饰，这个器官就是：大脑。大脑会感到痛苦，这便证明了它的存在。整副身体都参与了生产过程，而且是一种抽象的过程。时间安排与头疼症状会彼此呼应：它们将一种活动的形式

1　*Roland Barthes par Roland Barthes*，*OC*，tome IV，p.699-700.

具体化，否则就很容易无所事事；它们也通过同一个动作，同时将脑力工作者和他所面对的工作对象具体化。它们阻碍了科学论述的客观性所倚赖的"主题的题外话"。巴特问道："但是，历史工作的真正关键在哪里？是寻回注重细节的点彩画规范，如伊波利特·泰纳（Hippolyte Taine）及实证史学派想要的那样？或是相反地，追求过去时代的丰盛和巨大？对米什莱而言，历史的整体总和并非一个有待重建的难解谜团，它是一个可以搂在怀中的身体。历史学家的存在，仅仅是为了认出那股暖流。"[1]

在巴特式的分析中，无论多么讲究形式，都会出现一座数据库，它所提供的选择绝不会是偶然的、单纯的，反而是充满丰富意义的，体现了他的身体的欲望和幻象。对巴特来说，这是关于米什莱的例子中的另一个重点：幻想与知识之间的连结。"这正是米什莱所理解的：历史终究是典型的幻想之地的故事，即"人类的身体"；正是出自这片幻想——它与已逝之身的抒情式重生有关——，米什莱才得以将历史打造成一处广阔的人

1　*Michelet*，*OC*，tome I，p.349.

类学现场。科学因而可以自幻想中诞生。"[1]

　　阅读米什莱的著作，让巴特领会了科学欲望的性感之处，也引导他的人文科学研究方法。但这更是他的思想中的根本差异——巴特总是在小说和幻想之间作出划分。早在写作《神话修辞术》的时代，巴特就在自己的著作中提出了关于幻想的问题（这也许会除去戏剧化的成分，并使问题孤立化，变成人为的提问："我应该写小说吗？"对于此问，我们有时会希望巴特的最后一个表述可以简化，并质疑他的批评家使命）："读米什莱的历史作品，他最感兴趣的地方在于法国人种学的创立，特别是从历史的眼光去研究此一现象——也就是用**相对的**角度去看一些被认为最自然的事物：脸孔、食物、衣着、体质等。[……]在《神话修辞术》一书中，法国本身自成一个民族学世界。[……]这是因为人种学书籍中有所有他喜爱的书籍的魔力：例如百科全书，分门别类，即便是最一文不值的一面亦搜罗其中，最感官的一面亦然，这种百科全书不会窜改他者使之成为同者；占有之心缩小了，自我的确定性亦随之减少。

1　*Leçon*，*OC*，tome V，p.445.

最后，在一切科学论述中，人种学对他来说最接近虚构小说。"[1]

同一性的话语乃是胶着与无趣。对巴特来说，小说的投射在于想象的重复堆砌。而符号学的组合及其心理游戏，则属于幻想连绵的创造力范畴。对米什莱而言，小说是一种"麻醉法"（narcose）。小说的魅力（米什莱总算让步）是手淫（masturbation）的欢快、不幸的诱惑。陈腐不堪、睡得很差，与他年轻妻子阿达娜伊丝（Athanaïs）的救赎（俭省）之身离得很远。能够碰触这副身体，再次给了他生存的欲望。同样地：在小说里倒下之后，重返历史（"几件事使我挣脱了浪漫幻想的吞并"，我们可在《哀悼日记》中读到）。

从《米什莱自述》到《明室》：对影像的沉思

巴特和米什莱之间的亲近感，多年以来始终如一，这一点就我看来相当奇妙，且在巴特的最后一本书《明

1 *Roland Barthes par Roland Barthes*, *OC*, tome IV, p.661.

室》（*La Chambre claire*）之中尤其明显。这一大篇优美的文字"星罗棋布"地四散围绕着一个不可存真、难以承受的情境：融合了幻想、知识和**悲怆伤感**（pathos）的情境。巴特以"科学方式"探究摄影而牵动的方法论疑虑，既一丝不苟（此乃本书如此忧伤的原因之一——这个用功探索近乎英勇，而这股声音则均衡不变……），也被一种隐而未显的越线出格所支配：想让母亲复活的疯狂愿望。在此，他的科学方法以无可弥补的哀悼之情作为强大基础。因此，这篇"合乎理性的"文本是从一个根本的"互不相衬"之中挖掘出来的，这便是：独一无二生命体的消逝。

　　如同米什莱所讲述的历史，哀悼的"不成比例"特质已经存在于历史当中。这项特质甚至为他的历史叙事赋予了病态且多情的面向。似乎米什莱研究的不仅限于外部档、知识片段，而是在历史的每一回死亡，都沉入绝望关系的深渊。米什莱作品中对死亡的无尽沉思，首先就是一种对形象的思考。米什莱以历代人物为经纬，奋力工作，不只是为了搜集可供辨识的事实，而是为了掌握属于每个人的某种存在特质。但实际上，米什莱的工作方法到底是什么？"米什莱在还没尽可能参阅够多的肖像画及版画之前，绝不会下笔评写任何人。他终其一生都在对过往的面孔进行系统式的考察。"例如，在开始撰写夏洛特·科黛（Charlotte Corday）暗杀马拉（Marat）的故事之前，他对着这位年轻女孩的画像看了很久，而后写道："画家为男人创造出绝望和永恒的遗憾。没有人看到她以后不会在心中说一句：'唉！我生得太晚！……若是我，我会多么爱她……'我们若深深地凝望她既悲伤且甜蜜的眼神，还能感觉到某个东西，这也许解释了她的一切命运……"[1] 这段沉思探索将引领这位历史学家走向天启。1951 年，巴特在一篇名为《米什莱、历史与死亡》（Michelet，l'Histoire et la Mort）的长文当中（这篇文章也是他那本关于米什莱的书的第一次雏形），以摄影语言试图定义米什莱的研究方法："如此一来，一连串肉身轮廓，在历史的偶然事件中，留下了模糊不清的暗痕，直到历史学家像摄影师冲洗相片一样，以近乎化学式的操作，让之前曾经发生过的事**显影**出来。因此，历史学家丝毫不追求回溯往事的结构；他一心盼望着生命奥秘的重现。"[2] 巴特在 1980 年出

---

1 Jules Michelet, *Les Femmes de la Révolution*, A. Delahays, 1855, p.196.

2 "Michelet, l'Histoire et la Mort", *OC*, tome I, p.120-121.

版的《明室》中，将米什莱的方法应用在一整组相片影像上，明确要求这些相片对他揭示已消逝的生命其奥秘所在。

　　巴特对他母亲相片的沉思，化为穿越时空的灵光涌现。对巴特而言，从夏洛特·科黛的面孔到历史叙事、从摄影相片到活生生的脸孔，两者皆为同一条路径。一趟兼具理性与苦痛的"复活再现"之旅，发生于可能与不可能之间："相片逼我不得不着手进行痛苦的工作；我绷紧神经，一头冲向其身份的本质，在部分为真、因此全盘为假的形象中挣扎。"[1] 巴特所寻得的本质或整体，尽在细节、色彩与眼神中。

　　巴特把他关于米什莱的书的其中一章定名为"死亡—沉眠与死亡—太阳"（Mort-sommeil et mort-soleil）。死亡—沉眠是荒谬的死亡，突然就让整个生命陷入荒诞无稽和终结一切的事故中。它并不具备"揭露的美德"，也不显示存在的风格。有一种人，死时悄然而逝，无人问津——这是他们最常见的告别方式（"所谓死亡、真

1　*La Chambre claire*，*OC*，tome V，p.843.

正的死亡，是连见证死亡之人都死去的时候。夏多布里昂在谈到他的祖母和姑婆时说：'也许这世上只剩下我知道这些人曾经存在过。'是没错，但正因为他把这事记录下来，于是我们也知道了，至少，只要我们还会继续读夏多布里昂的文字，这件事就会流传下去"[1]）。死亡—沉眠是无可挽回的死亡：是终极的死亡。

死亡—太阳则是"死亡—光明，它利用其意义本身的显明，淹没了历史的对象"[2]。巴特希望借由《明室》的书写，以这道光来照拂母亲，将她自死亡—沉眠的黑暗深渊中解救出来。

观察、细看了很长一段时间后，巴特在一张很陈旧的相片上找回了母亲的面孔：一名温柔可人的小女孩，迷失在一座冬日花园里。他透过那对清澈明亮的眼睛认出了母亲。但是，他在那双犀利的明目中，以及在那种天真的态度中所发现的，到底是什么呢？显然并不是个体的真理或其生命的意义（包括死亡在内），而是

---

1 "Délibération"，*OC*，tome V，p.671.

2 *Michelet*，*OC*，tome I，p.352-353.

他所谓的"被爱过的面孔的灵气"。巴特的痛苦反映了米什莱式的对面孔的质问，哀悼行为与历史学家的工作相互结合：我们不必对此感到诧异，因为他们两人都通过写作，意图标示出无可取代的场所，并将消逝的痕迹铭刻下来。

第九章

-

单一生命体难以达致的科学

R Barths

我决定将意识的激动作为我的引导。

——《明室》

纵向风格

我们若一目齐观，静下心来，以分门别类的视角去检视，则接续在《罗兰·巴特论罗兰·巴特》与《符号帝国》(*L'Empire des signes*) 之后的《明室》，可被视为一种介于书写与影像之间的"剪辑合成"形式。而这些作品的作者显然乐此不疲。从一本书到下一本书，巴特将兴趣聚焦于影像的趋势越发明显，乃至于在他的最后一部作品中，影像直接成为写作的主题本身。影像是文本的伙伴，它意有所指、辅以文字说明，也会产生意义，化作书写素材。在《明室》中，影像更将以相片的形式，成为研究的主要题材。无庸置疑，倘若我们贴近观察，将会发现，似乎透过影像的动机，透过表面上不动声色的平缓推进，在巴特心中，浮现出一股不协调的意识，一道断裂的陡坡——同时，可能还浮现出一份贯彻该意识的决心（不如说"犹疑不决"）。

相当矛盾，上述三部文本各自落实了影像（更明确地说，相片影像）的消除。三本书都发挥了影像的特性与限制，将书写行为建立在一道视野上，既不诉诸评论，也不追求修辞的等效。

俳句的留白："俳句的那道闪光，什么也没有照亮，什么也没有揭开；是摄影时的那种闪光，我们小心翼翼地拍摄着（像日本人那样），却忘了在相机里装底片。"[1]

或者是《罗兰·巴特论罗兰·巴特》里的叙事留白："叙事（相片影像）的时间随着主体的青春一同结

1　*L'Empire des signes*，*OC*，tome III，p.415.

束：只有不事生产的闲逸岁月才能产生传记感。"[1] 放在该书开头的相片影像，有如全书完成后另外加上的多余部分，与书的内容毫无关连，这种做法首先展现了一个"断裂的缺席"，因为"影像的想象"与"书写的想象"之间不可兼容。当然这就是为何像《明室》这样一本被定位成"对摄影的思索"的书，实际上取决于一张无以言传的相片："冬日花园"那幅影像所传达的"不可见"因素，足以作为整套巴特式话语的论据。跟我们在萨德作品中看到的是同一套方法：把话说尽的放荡主义式论述，最终成为秘密的留白悬念。

母亲的儿时相片只为了巴特而存在，她平庸的外表赋予自身谜团般的晦涩难解：因为她什么都不揭露，所以她是"不可展示"（in-montrable）的。如此一来，这张相片就和巴特所指明的风格类型相互关连——它始于《写作的零度》（Le Degré zéro de l'écriture），根据一种分析上的距离与安全感，在一部一部的作品中，从不曾停止降低。风格的"纵向特性"和语言的横向界线相互对立，迎向某种浑然天成、关乎个人生平的根本独特点，与沟通的协约更无牵连。风格向秘密的威胁敞

1　*Roland Barthes par Roland Barthes*，*OC*，tome IV，p.582.

开了大门，这则秘密被界定为"一则被封闭在作家身体中的回忆"[1]。而这确实就是"对冬日花园那张相片的思考"的某项意义所在：它偷偷暗藏了一则关于孕育（procréation）的故事。作为巴特沉思对象的那名影中人、小女孩，既是其母，也是其子：是母亲重新变成的那名孩子，也是他在最后一场大病时、蕴生在脑海中的那名孩子。

明室，新人房，

太平间与产房。

"童贞之母，汝子之女……"（出自但丁《神曲：天堂篇》第三十三章）

风格总是意味着有孤立无援、缄默无语、癫狂荒唐的风险。一旦跨过了临界点，艺术就会无法理解这种不露声色的享乐或苦痛，因而自行崩塌。这种苦与乐也是致命的诱惑，为了自我保护，书写会迫使自己进入枯燥无味的耗损与重复。

概念上的区别（语言／艺术／风格）因而使巴特

1　*Le Degré zéro de l'écriture*，*OC*，tome I，p.178.

开始追问儒勒·凡尔纳（Jules Verne）、安德烈·纪德或兰波等人的文学历程，而这些概念区分似乎又一步步重新聚焦于他们的手法匠艺之上，直截了当、迫切地反问巴特：他自己的写作又是如何？充满怀疑与期待，走近巴特自身作品风格的谜团（一如他的身体与他的过去之谜），最终，对巴特来说，似乎就是他的作品真正关键之处。这就是为何在《嗓音的颗粒》（*Le Grain de la voix*）书中所集结的巴特访谈片段，我们读来津津有味：如何在一个人的"单声道"评说中，揭开秘帷，并流露一种突然涌现或缓缓萌发的风格，一个幻想的"我"（je）在说话，或者，不如再次使用巴特提出的用词（他未来的心愿）：一种"生命书写"。形象化的比喻、说话的口调、个人惯用的语汇，在这些访谈所使用的语言上，刻画出越来越清晰的印记，在字面意义与象征意义层面都明白清楚，两者缺一不可。这种清明感，是一切文学作品必备的特色（而且当然不是紧扣着传统法语所谓的清晰、那种极力抑制又招致毁损的概念，况且，若以那种旧式的法语逻辑为归依，巴特的批判风格很可能被指责为"离经叛道的胡言乱语"）。

从无主观人称的科学式后设语言（"人们可以断定……""人们知道……""同意某些人说……"），过渡到以"我"作为第一人称的写作主词，其过程是循序渐进的。其使用需求渐趋明显，但其完整的落实却要通过分裂（以及比跳跃转换先行出现的焦虑）来体现——《明室》必然证实了这一点。无法和解的感受以及一种无法成为可能的假设，都在书中非常明白地表达出来了。此书由两个不对称且无可调动的部分所构成，这样的结构很清楚地说明了作者不愿利用切分法的难处来装神弄鬼，也不愿忍受苦恼不安及"别扭难受"，与关于抵抗及挑战的认定同时成为"在两种语言之间摇摆不定的主体（一者是表现型语言，一者是批判式语言）"[1]。

对批判型理智的缩减式话语的抗拒，在巴特身上特别容易流露出来（这可能就是他的思维进路容易使人误解之处），传达一种内涵逻辑，一种兼容并包、欢天喜地的渴望——他总是将这些话语纳入考量，把它们说出来，以求它们更加完善。这只是一时的热情。对巴特来说，重点在于穿透这些话语，使它们疲软无力，却又同时示范它们的优良功能。又或者，通过它们作为工具的效用表现，表露出欲望的坚持不懈，而这种表现却无法满足欲望。

1　*La Chambre claire*，*OC*，tome V，p.794.

再说了，巴特正是通过这种对语言的精巧掌握的实践，抵御了虚构故事的老套成见，因而让那个在幻想中发声的"我"，借由叙事的无谓形式，维持在无以恢复的状态：举例来说，西蒙·德·波伏瓦（Simone de Beauvoir）的《宁静而逝》（*Une mort très douce*）就与《明室》处于对立的两端。

所以我认为，《明室》的两大部分不该用超出辩证法范围的观点来阅读，而是以就近对照的方式来解读。两部分紧紧相依，像一座屏风的两块板子，被一片空无隔离开来，这片空无什么都不是，只是思维的停顿。批判工作从来不代表智识上的无谓烦琐，甚至和撰写小说作品相比，也不会是一件下等之事。写作事业并不意味着发展进步，而是一种距离，两项难题同时并存：一者是批判式的语言，无力实现主体的真理与戏剧性；一者则是表达式的语言，对真实事物感到陌生。

《明室》的两个时刻属于一种切分成块的结合模式，即便其二重性可能被归纳为有待重组的整体幻象。两部分并未相互呼应，除非以各自有别的方式再现隐隐"钝痛"（douleur sourde）的静止固着。两者的分歧，从它们所师法作品的不一致可以看得出来：萨特的《想象》（*L'Imaginaire*）以及普鲁斯特的《追忆似水年华》。

这两部作品难以置信地集合在一起，足以作为巴特式不可能的事物的参考典范：发现或创造"单一生命体难以达致的科学"[1]。

皮埃尔的肖像

第一个时期属于现象学阶段，回应了定义摄影本质的计划。该时期因而发生在客观的调查范围中。巴特所展示的档案资料则属于公众领域。这些文件具备形象化的物品范例的客观中性，萨特在《想象》一书中曾经提出来：皮埃尔（Pierre）或椅子……这位学者获得了一定数量的概念支援，划定出知识或疑问的界线。无论遭遇何等困难，他的研究工作都在步步前进，迈向未来。即便挫折失败都富有"认识论"的价值。我们至少会在另一段操作的期限内重新检视这项失败，以避免再犯错。有一点必须注意，第一部分的论述丝毫没有回避科学方法的步步前进（分类、采样等）。它创造了不断努力的印象与耐心地面对杂乱处境的结果。它还一步一

---

1 *La Chambre claire*，*OC*，tome V，p.847.

步慢慢地将研究成果公之于世，承受失败的压力：这一切在定义上与**成果**相关的因素，都禁止在科学报告中出现。（我们难得目睹学者的当机失能，所以，当我某天早上在黎塞留街的国家图书馆亲眼看到一个人昏倒的时候，当场惊呆：一名坐在第一排的研究者，整个人陷在前日留置桌上的一大摞书堆中。得把他拉出来，放到担架上。此刻的中央走廊有了新的功用：平常都是放书车的通道，现在却拿来"搬运读者"。但这桩违反走廊原始功能的意外，在担架通过大门的时候却更加戏剧化：担架上躺了一个人，左试右试，似乎都过不了旋转门。）

因此，克制地选择研究主题，确实有其必要（最少要能聚焦、集中于一点，不滋生旁枝末节），如此，科学陈述才不会变成故事描述，或者招架不住、被这种错置颠倒带得晕头转向：研究者无法主导研究对象，反而是研究对象回过头来选择、启发这位研究者。这么说来，在《符号帝国》中，书写的主客关系就不是"作者面对异邦"或"摄影师面对拍摄对象"："无论如何，作者从未拍摄过日本。正好相反：日本放出缤纷光华，照耀着他；应该这么说：日本将作者推入写作情境。"[1]

---

1 *L'Empire des signes*, *OC*, tome III, p.352.

我们在《明室》当中见证了同一种颠倒翻转，它以"问题转移"的形式表现出来。书的第二部分超出了探讨"被摄物"的框架，迷失在哀悼伤恸的纠结之中，不再是为事物命名的写作习练，而是让回忆复生的意图。面对"诉诸本质的提问"，在哲学层面无法类归的问题便一笔勾销了（但这个问题也会同时在其中找到唯一的解答；这便是《明室》深刻原创性之所在）：并非重新发现一项艺术的本质，而是一个曾经被爱过、如今已然消逝的面孔之本质。

"此刻，11月的一个晚上，母亲刚过世不久，我正在整理相片。"[1] 后面将出现的意象，在萨特《想象》一书的下列段落中，也完全看得到："我回忆起我朋友皮埃尔的面孔。我努力回想，产生了对皮埃尔的某种形象化意识。目标马马虎虎地达成了。缺了某些细节，其余的细节也靠不住，整体印象颇为模糊。我想让某种感应与魅力在这张脸面前重现，但那份感受并未回来。我不肯放弃我的计划，我起身，从抽屉中取出一张相片。相片上，皮埃尔的脸蛋真美，我寻回了他脸孔的所有细节，有些甚至是我之前从未留意过的。但这张相片没有

1　*La Chambre claire*，*OC*，tome V，p.841.

生命：它为皮埃尔的面孔赋予了无懈可击的外貌特征，却没能还原他的真正表情。幸好我还留着一份由巧手画家帮他画的漫画素描（……）生命力与音容表情都在这张画上清晰呈现：我'找回了'皮埃尔。"[1] 巴特动手整理母亲的相片也是同样的历程。（每个人在清扫整理时必定引发的"家务烦愁"会不断激化，成为特有的不可承受之重——在悼念他人的丧期中尤其如此。因为物品特别具备这种"现实考验"的特性：哀悼的残酷无情即由此而来。遗物从此不再被使用，想将它们整理妥当，实非易事。到底要如何整理再也无人翻动，或最后将直接丢弃的东西呢？）独独对萨特来说，有下列这三种不同的阶段：寻找、苦寻不着、寻得（毕竟追寻的过程是基于既存的影像）；这三阶段缺乏强烈的情感波动，三者皆为论证的一部分。皮埃尔的面孔在此被唤起只是为了阐明影像的功能。哲学论述不受任何外在性所威胁，也不会触及其失语状态。假设皮埃尔依然活着，那么，皮埃尔的存在对萨特的存在来说，显然意义不大，如此一来，"找回皮埃尔的面孔"这项课题实在无关紧要。当然，正因为这样，萨特对于"相片欠缺生命感"这

1　Jean-Paul Sartre, *L'Imaginaire*, Gallimard, 1940, p.30-31.

项体悟并不在意，他也没有使之成为与"对象—相片"（objet-photo）同体共存的一项元素。他的思考避开了死亡的**概念**（*eidos*），但这却引导他远离了"对象—相片"，宁可拥抱另一种形式的形象，那就是"漫画／素描"。皮埃尔的名字在与摄影同样的影像排除过程中被借用。皮埃尔的登场就是为了"让他好像活着"。关于这一点，读者应该不会（比萨特式的推论所要求的）发现得更多。

换言之，在"知面"（*studium*）与"刺点"（*punctum*）这套巴特式的对比游戏中，若想合理地去解读，就必须纳入整体哲学论述中的例证。比较不合情理的解读——相当固执、甚至出现轻微的精神分裂症状——大概就是这种诠释法：在该段叙述里"刺中"我的，是皮埃尔的形象，是他不在场的那张脸、那张被萨特"哲学式地"忽略的脸庞（因为若说其中有什么"乐趣"，就是不在"一张脸孔的魅力"与"一栋乡间小屋的魅力"之间作出明显区隔：这将引动其他的非理性观点……）再往下看，接近书末的段落，我又再一次出现这种感受：论述方向有意回避问题，而那正是我热切想要提出的问题。这回，"刺点"被浓缩成对普遍法则的认可，根据这项法则，"女人的极度美丽，毁去了旁人对她的欲望"。这条真理看来无可争论，但在想象与真实之间的理论对照中，在这项前提下，必须向我们展示皮埃尔的相片，或是一名我们求而不得、太过美丽的女人的相片（这样更有效），萨特才能够"弃械投降"。如果他不让我们观看相片（当然他并没想过要这么做），那是因为，萨特在写下这些字句的时候，并没有私下、隐密的指涉对象。字句来自某种逻辑，而不是在撰写一项主题。相反地，在巴特对相片影像的沉思中，一个曾经被爱过的存在消逝了，这份存在被吸入影像的真实当中（我们"闭着眼睛"获得那些影像），它符合了一种撕裂的经验以及一项关乎"幻想出来的忧愁"的选择。

"是她！"

《摄影札记》（*note sur la photographie*）可以有两个副标题，一者是"关于摄影艺术的研究"，另一个是"对于那张独一无二相片的沉思"。定冠词在此形成了暧昧的双重意义，导致这项理论计划转变成神秘的操作。这篇关于摄影的批判式散文，流露出神秘难解的仰慕之情，它为情感提供遮蔽之所，而它所使用的方法，也许就像巴特这个美丽的用词所形容的："在方法的屋檐下……"
冬日花园那张相片并未真的让我们看到，不但是因为我们不懂得如何看它，还有一个更神圣的原因：如果它真的是被摄之身"幽魂般的能量发散"，那就必须使它避开凡人的碰触。冬日花园的相片将那仅此一位的"受感召之人"引入了"意义成为馈赠"的境地（会说"仅此一位"，是因为他既是感召他人的人也是受感召者，既是神话制造者也是神话学家，彼此之间的关系牢不可破）。但这项意义直到最后才会出现。

作为引发一股强烈、绝望的痛苦的图像，母亲的儿时相片无法带来救赎。它是一个塞得很满的符号。这与重现在《符号帝国》中的木刻雕像相反———张脸在另一张正要裂开的脸上裂开来，层层脱裂。无穷无尽的公开审批，有点类似不断循环活化普鲁斯特《追忆似水年华》式的书写。同样地，这部巨著让我们目睹千变万化、源源不绝的脸孔涌现。各个登场人物不可胜数的面貌、破碎、发散，无法满足诠释的热情，完全在当下的情绪展开。当通过权宜姿态的解缆脱钩，叙事者找回了他祖母的形象——这个本我，被埋藏、遗忘在俗世生活的文字与行为中——这股心神摇荡，甚至是写作本身造成的。在普鲁斯特身上，"动笔书写"是一种鲜明的转化，它意味着脑中思绪的整理（精心盘算考量）。

巴特的历程则完全不是如此。虽然《明室》的写作是基于两种语言的分裂，但它并非想消灭对方，而是在双方合力的游戏中（即便两者关系相当紧张），完成了某种幻想式的写作计划。通过一种理论上的欲望的坚持，循序渐进地被一种严肃或重要的精神所解放，巴特书写他的生命，对万事万物坚定不移地好奇探求，那就是：不要把对知识研究的掌握与情感的起伏摇摆区分开来。

第十章

-

绉纱的轻柔

R Barths

有一种乐趣的来源叫作相片。

在心爱的人面前拍照，只是消极地按下快门，

我们之后才会带回去冲洗出来。

而当我们来到那间内在的暗房，却发现，

只要眼前的世界依然可见，

那间暗房的入口就会被"堵死"。

——普鲁斯特

赠 礼

"首先，我们会看到几张相片……"：《罗兰·巴特论

罗兰·巴特》以这份无偿的礼赠作为开篇。收到相片总是令人开心。尤其是当我们未求而得、无端入手的时候。就在一开始，读者便被赐予一项观看的权利，得以浏览作者的家庭生活照、窥看作者被严密保护的私人生活空间。

这份影像的礼物送出去之后，巴特立刻指明了这本书影像部分极为暧昧的状态——尤其是他年轻时的相片。我们了解，这份影像的赠礼是作者送给自己的礼物，却不是在作者最初动笔时就准备好的，而是当成作品完工的贺礼。与我们快速浏览《罗兰·巴特论罗兰·巴特》这本书时可能会想到的相反：书的本文与作为全书序幕的图片并非连贯搭配。这些相片置于开头的地方，在书的文字内容完成之后才被筛选、添加进去。然而，在顺序上，相片却比文字更早出现于书中，且作者刻意为两边做出区隔，以相簿专属的斜体字说明搭配相片的部分。

不屈的线条

巴特想要直截明白区分开来的东西，到底是什么？他向我们解释道，那个东西就是"对影像的想象"（imaginaire d'images），非生产型的生活的叙事**连续一致**

性（*continuum*），根据巴特的说法，唯有这种生活型态足以催生出一套自传写作计划。"对影像之想象"的时间与"无影像之想象"（imaginaire sans images）的时间，两者间的分际再次将青春与成年一刀两断。这种切割设立了一条壁垒分明的分界线，远不足以成为模糊不清的边界。巴特在一段贝尔纳—亨利·列维（Bernard-Henri Lévy）对他的访谈中说（该访谈日后将集结出版）："况且，您所谈论的这本书被一条不可改变的线从中分离。我没有讲述任何关于童年的故事；我将这段童年岁月以相片呈现，因为这就是影像的年纪——所谓'年纪'，就是'记忆的时间'。童年以后的故事，我反而不再用影像陈述，因为我长大以后的相片不多，一切都通过文字书写来完成。"[1]

因此，《罗兰·巴特论罗兰·巴特》是依循不可动摇的分割所写就的：一部分是童年与童年影像；另一部分则是成年以后直至当下，毫无影像、纯以文字呈现。影像化记忆（mémoire imageante）的调性与此书的撰写毫无关连。当"调性"介入的时候，经常借由两种形式避免"玷污"了叙事背景：一是通过"回想"

---

1 "À quoi sert un intellectuel?", entretien avec B.-H. Lévy, *OC*, tome V, p.365.

（anamnèse），即粗糙原始、精微细致的回忆，趋近俳句的精神，例如："点心时刻，加了糖的冰牛奶。白色的旧碗底部，彩釉剥落；不知道用汤匙搅拌时，会不会磕碰到这个缺口"[1]；或者是以口述的形式，或可供拆卸的小块物件（死板老套），透过滑稽拟仿的价值，远距离地展现并维系情感。

巴特在概念上非常坚持这条不可变动的界线，它切分了（我们记忆中的）逝去的青春年华与书写的产出岁月，后者只留下了文字本身，再无其他。还不只如此：毫无疑问，这项概念启发了《罗兰·巴特论罗兰·巴特》整本书的"自画像式"写作计划，也启发了夺回自主权的一番努力，以对抗异化效果、物化效果，以及他人对自身的观看目光。在书中的某个片段里，巴特回忆起他童年时曾经在卢森堡公园里玩过的"鬼抓人"（barres）游戏；他认为这个游戏最好玩的地方不在于让敌方落空，而在于"解救人犯——这可以达到各回合不断更新的效果：游戏归零，重新开始"[2]。

的确，这整本书的写作计划就是一种亟欲"摆脱"

1　*Roland Barthes par Roland Barthes*，*OC*，tome IV，p.683.

2　*Ibid.*，p.630.

的意图，一种对"解放"的执着念头。形象（*imago*）的圈套似乎把主体封闭在内，极有可能将其束缚在一种令人麻痹、置人于盲的"既存状态"（déjà-constitué）中。作者刻意安排的简洁与分散形式，意图抵抗某种眼花缭乱的效果，抗拒某种童年影像所造成的眩晕感，而这些影像与别人对他所说的话一样，皆与他无涉。

《罗兰·巴特论罗兰·巴特》一如让-雅克·卢梭（Jean-Jacques Rousseau）的《一个孤独漫步者的遐想》（*Rêveries du promeneur solitaire*），都依循相同的"与自我对话"的形式，希望借由对外界的呼告恳求，避免自我的扭曲分裂——意在追寻一种率真无欺的自我坦露。此外，巴特这本自传作品的书名，可以视为卢梭另一本书标题的延续，那就是：《卢梭论让-雅克》（*Rousseau juge de Jean-Jacques*）。然而，卢梭要处理的是一种恳切的、面对面的自我评论，巴特则必须部署一场镜像的反射游戏。卢梭从中汲取了力量——抵御围绕周身的"深邃黑暗"，对自我的最原初、最持久不灭的认识，以童年为实验对象的存在感，——巴特亦体会到受他人目光影响（以及这目光本身）所产生的束缚性，这道目光既逼人心烦，又冷漠无感，从最早的遥远童年散射而至，把作者钉住。那批相片影像"在我身上激起某种迟钝的梦境，其

组成单位是唇齿，是头发，是鼻子，是瘦弱，是穿着长
统袜的腿。上述这些皆不属于我，却也不属于我以外的
任何人。于是，我从那时起，便进入了一种令人不安的
亲近状态：我**目睹**了主体的断裂（但我甚至无法对此多
说什么）"[1]。分裂的恼人之处，即其"失语症"，正是巴
特在全书开头各式各样的童年相片中沉思的对象——他
必须从中挣脱，方能下笔书写。在这个凝神思索中令巴
特困扰不已的，就是某种"焦点偏移"（décentrement）
的潜在现象：事实上，他并非拍摄的主体，而是他过去
的影像在"思索着他"。影像看着巴特，对着他朦胧地
唤起了似乎曾经是他的"某个人"，而这"某个人"现
在已无实际用途，甚至对当下巴特想要实现的意图有害
无益。现在正在写作的那只手，对（昔日影像中再现
的）穿着长袜的瘦腿及拥抱母亲的手臂丝毫不感兴趣。

在《罗兰·巴特论罗兰·巴特》这本书中，童年
的相片因为难以信赖，激起恐惧，构成否定，所以与被
宣称为无聊、"愚蠢"的梦境记叙有同等的地位。

但为何要恐惧？摄影所蕴含的力量关系（rapport

1　*Roland Barthes par Roland Barthes*，*OC*，tome IV，p.581.

de force）不正具备一种数学式的明白精准吗？托马斯·伯恩哈德的最后一部小说《灭绝》（*Extinction. Un effondrement*）以叙事者的一大段沉思揭开序幕：叙事者父母亲的相片置放在桌上，旁边有一张电报，上头宣布双亲的死讯。伯恩哈德如此写道："他们竟然死于一场意外，化成这张我们称为相片的荒谬相纸，让你不再伤心。我想，迫害妄想的疯狂已然结束。他们死了［……］此刻，在我眼前的桌上出现三个人，他们还不到十公分高，一身时髦装束，怪诞逗笑的身形象征了他们同样怪异的心灵，越看越觉得比初次端详时来得可笑。"[1] 拍摄下来的影像——伯恩哈德口中所谓的"阴险邪门的假造"——以其微缩简化的力量，助我最终避开了真实个体的威逼。在我眼前，只剩下滑稽可笑的小精灵（gnome）——我应该可以轻轻松松地支配它们，评判它们。然而，事实却正好相反。我们在伯恩哈德的小说中可以很清楚地看出这一点。《罗兰·巴特论罗兰·巴特》这本书亦是如此。摆放在主要文字之前的家庭相片，分割出不可跨越的另一边，并以一股神秘、无声的力量，主导了后面接续下去的文字记述。一方面是

---

1 Thomas Bernhard, *Extinction. Un effondrement*, traduit de l'allemand par Gilberte Lambrichs, Gallimard, 1990, p.22-23.

既危险又迷人的秘密：隐密莫测的本我，透过那三公分高的小人提出探问；另一方面，则是一位隐形透明的人物，将自身全盘托付给写作的当下现场。但后者最终仍逃不开前者的力量所及。说得更精确一些：本我只有处在一个随时准备被打乱的配置之内，才能逃脱隐形人物的掌握。

被爱者面孔的特质

在《罗兰·巴特论罗兰·巴特》一书中，影像巧妙地容纳在文字主体"之外"，而在《明室》里，影像则与文本黏合无间，甚至构成了文字的本体。巴特试图勾勒出摄影的"自身专属的特质"（génie propre），于是他首先根据萨特的现象学理论，分析了由专业摄影师所拍下的相片：其中有一种意图，想要再次让（从"对影像的想象"中产生的）掌控人心的邪术败下阵来。即便我们猜想这本书会略施诡计，极力摆脱影像的"统治威权"，到头来（当巴特发现了那张"冬日花园"的相片之后），却事与愿违。

巴特并不满足，他凝视着母亲的一批相片，重新采用了《罗兰·巴特论罗兰·巴特》书中（面对童年影像的）叙事者的语句：他细细描述那些特征，它们"不属于我，却也不属于我以外的任何人"[1]。同样地，看着母亲的相片，巴特写道："那不是她，但也不是别人。"[2]然而，在《罗兰·巴特论罗兰·巴特》的第一段文章里，由"想象"所牵动的不安奇异感引发了危机；到了《明室》时，情况却截然相反：其气氛完全附着在想象的灵光（aura）的特殊性之上，也因此，为巴特重现了母亲特质的相片影像，并不会让读者看到，但却试图借由文字表达出来。这种出神状态，正源自那个特质——顺从于爱情的宿命，顺从于"以小孩形象呈现的母亲"的魅力。这股魅力不会因而制造失语效应，也不会失去任何一丁点力量；《明室》的文字以单一笔调写就，算得上巴特最美妙动人的书写之一。它示范了一种飞扬灵动的文体风格，令人激动不已。巴特大力称赞私人摄影，解释道："（在一次访问中，巴特说）我认为，与绘画相反，摄影的理想前景，应该是私人摄影，也就是一种承载了与某人爱恋关系的相片，必须与被拍摄的人产

1　*Roland Barthes par Roland Barthes*，*OC*，tome IV，p.581.

2　*La Chambre claire*，*OC*，tome V，p.843.

生一道（即便是虚构的）爱的连结，方能展现其力量。它围绕着爱与死，运转不休。这相当浪漫。"[1]这种对爱的承担在《明室》本身的文字中实现了。现在，《罗兰·巴特论罗兰·巴特》书写纯粹当下的折射，它反而倾向于在逝去之爱的延续感中消散无痕。而我们在《明室》中并未找到《罗兰·巴特论罗兰·巴特》中关于年轻相片的图说文字与评论阐述，却发现了意味深长的文本延伸，违逆了那条分隔线——那条线曾经一笔画下，将"影像的想象"与"书写的想象"切分开来。

"对我而言，**在我出世前**我母亲生存的时代就是历史（况且，历史上正是这段时代最令我感兴趣）。没有任何往事追怀能让我隐约望见有我以来的时光（那正是往事追怀的定义）——然而，注视着一张我孩提时她搂着我的相片，我却能在心中唤起那绉纱的轻柔与化妆粉的清香。"[2]

使影像成为"可见"的，不再是"主体的断裂（但他甚至无法对此多说什么）"，而是爱情想象中一种幸福欢乐的融合，而巴特最终在《恋人絮语》（*Fragment*

1　"Sur la photographie", *OC*, tome V, p.935-936.

2　*La Chambre claire*, *OC*, tome V, p.842.

d'un discours amoureux）之后的作品《明室》当中，毫无保留地顺服于这股融合力量。

《一个孤独漫步者的遐想》的最后一次漫步，是一种对幸福的美丽召唤，借以更趋近自我或接近华伦夫人（Mme de Warens）——卢梭视若母亲的情人——，是那段时光的一种重生振作。卢梭写道："我完完全全做自己，毫无掺混，毫无阻碍，至此，我终于可以说'我确实活过了'。"[1]

启发了《明室》最后段落的美好影像（小时候的母亲），确实符合了视觉上的精准。而这尤其表示了巴特与想象物的和解，这个想象物不再是人与人之间的障碍，而是成为自我的抒情、奔放的源泉。

1　Jean-Jacques Rousseau，*OC*，tome I，*op.cit.*，p.1098-1099.

第十一章

-

标点符号

R Barths

智慧所在之处

经常可以听到诋毁风格重要性的言论，仿佛一本书或者一部电影的主题与真实经历就足以确保能够引起别人的兴趣，好像一切都只是直播报道，尤其毋须担心艺术性或者技巧，只信赖直觉的自发性，心动的感觉。罗兰·巴特的作品恰恰是反证。若说其作品具备自由解放的特质，首先归因于作品内含的智慧见解以及阐释能力——分类、强调、讽喻——使我们免于情感造成的盲目以及刻板偏见带来的暴力。一读再读巴特的作品让人不至于停在初步的冲动，对至高霸权的高声表达有所保留，认真看待"形式责任"这个问题。

然而，过度集中于智慧本身，忽视了情感冲动，是否有在空想之中衰亡的危险？巴特意识到这样的危险。巴特式的智慧深刻而不纯粹，对于自己碰撞逾越的论调所产生的威胁、失格，随时保持开放，愿意被撼动、被挑战。追求清明的过程中，亦连结身体的静默。这份矛盾，或说分歧，搅乱了巴特的思维，但亦滋养了它。这就是为什么巴特式的智慧在两个极端之间，或说两端不透明之间摆荡：直觉造成的盲目限制和过度博学造成的知识窒息。

复合之书

只要翻阅巴特写的书，一定会注意到他对形式的关注，尤其是图像占有一席之地的书中，比如《米什莱自述》《符号帝国》《罗兰·巴特论罗兰·巴特》《明室》。零碎的文字与会话、相片、复制画并置对照。书页并非随着抽象思想线性进展，而是自动转译成一整块结实的印刷符号（须仔细阅读，而不只是看看）。这反映了拼贴式的美学，是一种作品的呈现。在巴特的书页上，我们可以掌握尺寸、白色间距、分段强调、融合色彩以及书写形式的各种表现。巴特使写作的乐趣可见一斑。手写文字、罗马字母和斜体字符，都参与了坚毅而微妙地书写组成活动，也就是排版布局。"写作从何开始？绘画从何开始？"巴特问道。这句话，作为评论，经由他之手，以黑色墨汁的形体印在一幅日式水墨画上。日本让他着迷之处，即在于书写与绘画的不分离，从一方滑移至另一方，这正是他著作的根源、他绘画的结构技法。

巴特选择片段书写是出于概念上的原因：通过持续的发展与夸张的倾向来打破言语的修辞。断裂硬生生地开启了怀疑、提问、缺席，这是我们想到其他事情的时刻，或是从不同的切入点想同一件事情。片断也带来流动性，可以在各种安排之间做选择。散漫的言语必须依循一道线性连结（他进入法兰西学院时的演讲《第一堂课》即依循一种连续性），被切开的碎片寻回诗歌大放光明的可能性。"喜爱划分：部分、精密、弧圈、出色的细节（如波德莱尔所说像印度大麻产生的效果）、田园景致、窗户、俳句、线条、书写、片断、摄影、意式风光，简而言之，即语义学家的选择，或盲目崇拜者的整体素材。"[1]

1　*Roland Barthes par Roland Barthes*，*OC*，tome IV，p.648.

巴特将片断阅读的分割（在《S/Z》这本书中，他将之命名为 lexie）比喻成僧人用僧杖尖端勾勒天际的姿势。

冒 号

契诃夫有一篇名为《惊叹号》(*Le Point d'exclamation*)的短篇小说，故事主角是一位学校秘书，他面对一项恼人的事实：他从来不曾用过惊叹号。他辗转反侧，难以入眠（"……到底何时该使用惊叹号？他反复寻思，竭力驱除这些意念中的不速之客。所以是我忘了用吗？要么我忘记用，要么就是我从来没用过……"[1]）。他叫醒另一半，而对方向他解释"这种标点符号是用在表现突发的转折呵斥及欢欣惊叹，借以表达热情、愤慨、欢乐、怒气及其他情绪"[2]。这样一来就更糟了。难道他从未表露过情感？他难道要继续写东西却不使用惊叹号？隔天清晨，他想到一个解脱之法。他在一份公文上签

---

1 Anton Tchekhov, *Contes humoristiques*, traduction par Madeleine Durand et Édouard Parayre, Messidor, 1987, p.119.

2 *Ibid.*, p.120.

到:"尤金·培雷克拉丁,学校秘书!!!"

巴特也不太使用惊叹号。即便有,也很少用(因此当他寻获"正确的"形象之刻,就会产生如此鲜明的语气:"[……]我惊叫道:是她!真的是她!终于是她了!"[1])他的压抑不同于学校秘书的压抑——巴特完全意识到自身这种状态(因此既没有热情,也没有气恼,更没有愤怒的迹象)。他的标点符号使用依然排除了省略号;格维斯(Grevisse)提醒我们,删节号以三个圆点为单位,作用是"使内心独白的进展过程难以捉摸"。巴特似乎想与情感的奔流以及内在不可预知、不可言说的危险保持距离。他最常运用的标点符号——冒号——毋宁更能搭配智识生活(而非情感生活)的语调。说得更确切一点,冒号适合一种智识生活的调性,它表现出来的是冷静、理性、主动地清楚阐释。相反地,尼采的行文则充斥着惊叹号。

格维斯在《法语文法大全》(*Le Bon Usage*)书中指示我们,冒号的使用时机如下:

1　*La Chambre claire*，*OC*，tome V，p.869.

136

"1. 引用一句话、一段警语、一则箴言、直接引述或有时候间接引述。

2. 说出前文的分析、解释、因果、概括。

确实，巴特是以双重的意义在使用冒号，但他多多少少扭曲了冒号的惯用涵义。对他来说，冒号是一种呈现速度的手段。因此，我们会读到："福楼拜：一种切割的方式，刺穿话语**却不使其疯狂**。"[1] 或者是："萨德：阅读的欢愉显然来自某些断裂（或某些碰撞）：对立的符码（例如，高尚与庸俗）彼此接触"[2]；又或者是这样："写作是这么一回事：语言快感的科学，语言的'爱欲经书'（在这门科学中，只有一项契约：写作本身）[3]。"

巴特利用冒号陈述了一种自相矛盾、隐含结论（但却无法从之前的任何一项推理或论证中推断出来）却又无可辩驳的样式。就像他经常使用"我们知道"（on sait que）[或者，像他谈论萨德时那样，常常使用"显然"（évidemment）] 来表达大众根本不具共识的一

1　*Le Plaisir du texte*，*OC*，tome IV，p.223.

2　3　*Ibid.*，p.221.

个想法；或是反过来，用"也许"（peut-être）来传达一种肯定。巴特的冒号就是一种省略的机制。即便冒号标示了些什么，那也绝对不会是一条令人安心的阐释路径。它们意味着一阵跳跃，而非一条过道。巴特所使用的冒号通常有预示与教学的功能，它们反其道而行，意味着压抑、隐而不宣，以及灵光一现。

题外话

利涅亲王（prince de Ligne）在著作中经常使用"顺带一提"（soit dit en passant）这个词。对于巴特来说，毋宁更是"补充说明一下"（soit dit entre parenthèses）。他将整个段落"放进括号中"，用来带出作者名字、专业术语、简短或细节方面的信息。使用括号是为了对草草说出的句子补充说明。更重要的是，巴特有时会利用括号从一个普遍的观点转移到他的个人观点——即便是以"非个人"的语气呈现——"（然而：如果知识本身也曾是**美妙迷人**的呢？"[1]）——或者更明确一点——"不

1　*Le Plaisir du texte*，*OC*，tome IV，p.232.

过，我们可以说出完全相反的话（尽管说那话的人不是我）[1]"——，或是论及友谊时："干脆这么说吧：我承认我的局促不安，幻想逐渐逼近：我内心发烫"[2]。

这些清晰可闻的旁白私语不断增强力道（一个括号开启在另一个括号之中），它们所要述说的，并不是最无足轻重的小事，反而是核心关键的大事：与想象物的贴近。假设后者容许自身含纳其他事物，那也是为了在他处重现，灵动弹性、变化万千，但总是同等炽热。因此，梦想将会是：既非空泛虚浮的文本，也非清晰明快的文本，而是由多变不定的引号与飘忽浮动的括号所组成的文本（永远不要括上括号，因为那恰恰好是**离题**）[3]。

巴特相当提防写作的过度挥霍，或盲目地跃入语言的质素本身，以及被文字所夸大的世界及梦想。他会使所有让他得以"在自己的想象中刻下印记"的事物相加倍增，进而与那种想象分离（或者尝试让自己与幻想分离，但是，与母亲有关的想象除外）。他总是站在

---

1 *Le Plaisir du texte*，*OC*，tome IV，p.244.

2 *Roland Barthes par Roland Barthes*，*OC*，tome IV，p.644.

3 *Ibid.*，p.682.

"偏移"之岸的边缘，进入无限开放的"括号"（题外话）所触发的眩晕之中。巴特说："风格约莫就是写作的开端：即便畏缩胆怯，只要敢冒着巨大的'被回收'的风险，就开启了能指（signifiant）的统治。"[1] 作家巴特的力量所在，他那种独特的优雅风格，就是使我们保持在"开端"的动态与悬念中，停留在初始阶段的新鲜感中——在语言之森的林地边缘。

1　*Roland Barthes par Roland Barthes*，*OC*，tome IV，p.653.

第十二章

-

事　故

R Barths

天气很好，金黄色的阳光温柔地撒落在秋天的美好日子里。我刚从科孚岛回来，感觉自己与美好世界融洽和谐，身体悠闲舒适，还有点处在游泳时的柔软状态。我跟朋友在一起，准备穿越过让·饶勒斯（Jean Jaurès）大道，沿着维耶特（Villette）池边散步。信号灯转绿，我们往前走。这时候，一辆摩托车朝我们猛冲而来，骑车的是个年轻小伙子，在我们后方人仰车翻，年轻人撇下刚偷的摩托车，溜了。我朋友虽然跌倒了，但很快就站起来，毫发无伤。我则没有起身，我的头重重地撞向柏油路面，但却感觉不到哪里在痛。我倒在人行道上，头浸入人行道边缘外几公分的排水沟，里头流着水，我以为是流着我的血。一开始我觉得有点清凉，后来觉得冰冷，却也不怎么担心。我卧倒在此，好似一直以来皆如此，长眠于人行道上，头部垂入小溪流。渐渐地，我全身湿透，嗡嗡作响的脑中依稀飘进断续话语，特别是有人说，别动。我放弃挣扎，不去管我以为悄悄流淌的血，专心看着蓝天之下的梧桐树叶。

　　这起事故发生在2011年10月15日，就在我65岁生日前不久。我的生命可能就此终结，一如所有车祸，千钧一发之际在鬼门关走了一趟。有天我讲起这起意外，有个人开玩笑说："64岁，那不就是罗兰·巴特被卡车撞到的年纪吗？想不到你身为巴特铁粉到这种程度！"这并不好笑，我也没有笑，但这句话把我带向从体会（一部分）巴特临死前感受的角度去看这件事。在我们两人的事件中都有个转折，以某种令人喜爱甚至是高尚的悲剧形式呈现。这种"吸引意外的艺术"（贝尔纳·康蒙语）：事故突如其来，闪电一现促使生活变得灵动鲜明，妙趣横生，这就是意外。事故本身是缩限、讨人厌、致死的，导致了暂时性或者永久性的中止。任何事都无法预防、预料这道裂口（对车祸来说尤其如此），因此直到最后，直到摔倒的那一刻，惊吓、袭击、爆炸，我们都还完整地活在一种天真里，这天真让我们于"毫无预感亦无预兆"（博尔赫斯语）的世界之中行动。闲聊着无关紧要的琐事，分享着温柔的话语或是日常的担忧。或者我们独自迷失在遐想之中，与自己交换着语言的潮起潮落。仅此而已。故事到此结束。对于这突如其来且无法想象的身体背叛自我意志，那些在我们死后仍存续的马后炮与这一瞬间的中止一点关系都没有。路人如果出于某种原因继续对受害者感兴趣（他们有权选择感兴趣与否），可以知道结局，也可对事故之前发生的事情重新解释，使事故变得可以理解。法国历史学家们在 18 世纪之间到处寻找 1789 年法国大革命的先兆，也找到了不少惊人的盲目例子。都离深渊这么近了，还加速朝它奔去，什么也没看见，怎么可能发生这种事？关于伏尔泰即将离开宫廷、卸任法国史官、转为普鲁士的腓特烈二世效力之际，他在自传里写道："伏尔泰度过的日子决定了他的整个未来，然而他却对此一无所知。"

　　的确，人们就是喜欢如此：决定性与否，必然或偶然，命运的断头铡落下那一天，人们都对此一无所知。出于这种无知而无忧无虑，去了电影院、旅行、打牌、打高尔夫球、打网球、上探戈课、制作风筝、投入未来长远的计划、愉快地消磨时间。或者，单纯只是穿越马路，然后被撞翻。那是他最后一次散步，他对此一无所知。这就是 1980 年 2 月 25 日发生在巴特身上的事，那天很冷，他走在巴黎学校街（rue des Écoles）上。在一场想必很无聊的官方午餐结束之后，一种充满阴暗讽刺意味的荒谬之死，一个"死亡—沉眠"击中了这位热衷于片断书写的符号学大师、声韵才子。但这就是意外的艺术，而不是事故的暴力，面对它的时候完全无法吸引或是避免，也没有办法预先准备。

　　尽管这无法抵销事故可怕的一分一毫，但我大胆推测，在这段脱离现实的时刻以及随之而来的无声恐惧之中，罗兰·巴特受伤躺卧人行道的时候，他看到了从未见过的天空色彩。

图书在版编目(CIP)数据

我的老师罗兰·巴特/(法)尚塔尔·托玛
(Chantal Thomas)著;江灏,赖亭卉译. —上海:上
海人民出版社,2021
书名原文:Pour Roland Barthes
ISBN 978 - 7 - 208 - 16938 - 8

Ⅰ.①我… Ⅱ.①尚… ②江… ③赖… Ⅲ.①巴特
(Barthes, Roland 1915 - 1980)-生平事迹 Ⅳ.
①K835.655.6

中国版本图书馆 CIP 数据核字(2021)第 025980 号

责任编辑 赵 伟
装帧设计 林 林

我的老师罗兰·巴特

[法]尚塔尔·托玛 著

江 灏 赖亭卉 译

出 版	上海人民出版社
	(200001 上海福建中路 193 号)
发 行	上海人民出版社发行中心
印 刷	上海商务联西印刷有限公司
开 本	850×1168 1/32
印 张	5
插 页	2
字 数	78,000
版 次	2021 年 3 月第 1 版
印 次	2021 年 3 月第 1 次印刷

ISBN 978 - 7 - 208 - 16938 - 8/K · 3048

定 价 38.00 元